H Fischer

Aus den Reise-Berichten des Stabs-Arzt Dr. Fischer

H Fischer

Aus den Reise-Berichten des Stabs-Arzt Dr. Fischer

ISBN/EAN: 9783743690950

Hergestellt in Europa, USA, Kanada, Australien, Japan

Cover: Foto ©Andreas Hilbeck / pixelio.de

Weitere Bücher finden Sie auf **www.hansebooks.com**

Aus den Reise-Berichten

des

Stabs-Arzt Dr. Fischer

vom

Friedr.-Wilh.-Institut.

Separat-Abdruck aus der preussischen militärärztlichen Zeitung pro 1862.

1. Zur Sanitätspflege des französischen Heeres.

Die Sanitäts-Pflege des französischen Heeres, die musterhafte Organisation, die günstige Situation der Sanitätsbeamten sind so vielfach studirt und von anderen Seiten so oft und gründlich besprochen worden, dass wir darüber kein Wort mehr zu verlieren brauchen. Ich will nur kurz den Eindruck schildern, den ich aus den Lazarethen und Casernen bekommen habe. Neues kann ich natürlich kaum dabei berichten, denn diese fein gegliederte mächtige Maschine verrichtet Jahr aus Jahr ein mit äusserster Gleichmässigkeit und Pünktlichkeit ihr Werk.

A. Zuerst von den Pariser Militär-Hospitälern.

Dieselben sind meist alte Gebäude, doch wendet die Regierung jährlich grosse Summen zu ihrer Besserung und Verschönerung auf.

1) Val-de-grâce.

Das Val-de-grâce ist ein altes, schlossähnliches, historisch merkwürdiges Gebäude, welches mit der Zeit seine Bestimmung vielfach verändert hat. Wenn man den grossen Hof durchschreitet, in welchem sich zur Linken die schöne Bronzestatue Larreys, in der Mitte die alte bilderreiche Kirche befindet, so tritt man durch ein grosses Thor zur Rechten in die Räumlichkeiten ein, welche das eigentliche Hospital bilden. Dasselbe bestand Anfangs aus vier langen Gebäuden, welche zu dem sogenannten rectangle de Vauban vereinigt und vier Etagen hoch waren. Da dieselben aber höchst ungesund waren, so fing man an die Sache zu verkleinern, unter sich abzuschliessen und die oberen Etagen abzutragen. 1841 wurden noch die hübschen Pavillons in den Gärten gebaut, in denen vorwaltend chirurgische Kranke liegen. Jeder Pavillon enthält vier Säle, zwei oben, zwei unten, und in diesen zusammen 200 Betten. In diesen architectonisch sehr hübsch angelegten Gebäuden haben 900 kranke Soldaten Platz. Der Garten, welcher hinter allen diesen Gebäuden liegt, ist sehr gross und mit sauberen Anlagen und schattigen Bäumen reichlich versehen. Die hintere Partie desselben ist theils für die Direction, theils für die Aerzte aufbewahrt, theils dient sie den Brunnen trinkenden Patienten zum Spaziergange; die vordere Partie dient den kranken Soldaten zur Erholung, auch befindet sich daselbst ein kleiner botanischer Garten und das Anatomie-Gebäude. Die Krankensäle sind sehr gross, meist zu 30—36 Betten. Die Betten sind äusserst einfach, doch sehr bequem und sauber. Sie stehen indessen ziemlich eng. Das französische Reglement bestimmt für fieberende Kranke und Verwundete 20 Cubikmeter, für venerische und krätzige 18 Cubikmeter Platz. Die Betten sollen 65 Centimeter von einander entfernt, zwischen 2 Reihen 2 Mètres Zwischenraum sein. Vorhänge befinden sich nicht an denselben. Neben dem Bette steht ein hölzerner Tisch, der zu gleicher Zeit vorn einen Sitz trägt. Die Heizung geschieht durch zwei grosse Oefen, die in der Mitte der Säle stehen. Obgleich die Fenster gross und hoch sind und über ihnen noch kleine Oeffnungen in den Wänden sich befinden, so wollte uns die Luft doch öfter nicht rein erscheinen. Die Visiten werden in den französischen Militärspitälern um 7 Uhr Morgens mit grosser Pünktlichkeit gemacht. Man hat dabei ein eigenthümliches Verfahren, welches die Ordination sehr vereinfacht. Jeder Kranke hat seine Nummer, nach der er in den Listen und bei den Verordnungen genannt wird. In jedem Sale befinden sich zwei Ordinationsbücher. Das eine bekommt der Oberarzt, das andere der Stationsarzt. Im ersteren stehen die Nummern der Patienten, die Diagnose, die gestern verordnete Diät und Medication; im zweiten vorläufig nur die Nummern und die Diagnose, und nun wird auf der Visite die Diät und die Medication nach dem Dictum des ordinirenden Arztes hineingeschrieben. Morgen erhält der Oberarzt das zweite und der Stationsarzt wieder das erste und so weiter. Dadurch geht der Dienst sehr schnell von statten und der Oberarzt controlirt täglich Diät und Medication. Die Diät ist sehr reichlich und gut zubereitet, man giebt zum Frühstück sehr viel Chokolade und zum Mittagbrote die verschiedensten Sorten von Fleisch und Gemüse. Ich fand das Hospital sehr stark belegt, eine grosse Zahl von Tuberkulösen und Typhösen füllten die innere, auffallend viel

Knochen- und Gelenkkrankheiten die äussere Abtheilung. Leider konnte ich über das genaue statistische Verhältniss dieser Krankheiten nichts erfahren, ich wurde von der Intendantur an die Aerzte und von diesen wieder an die Intendantur bei meinen Nachfragen gewiesen. Diess mag wohl darin mit begründet sein, dass die Franzosen bisher wenig von der Statistik gehalten haben und dieselbe auch heute noch in den Militärspitälern sehr oberflächlich cultiviren. Ich muss mich daher auf eine approximative Angabe beschränken, wonach fast der dritte Theil der innerlich kranken und die Hälfte der äusserlich kranken Soldaten Tuberkulöse und Cariöse schienen. Ausser den chronischen Gelenkentzündungen, die oft mit Eiterung und Zerstörung des Gelenkes enden, waren Caries costarum und Caries der Fusswurzelknochen die häufigsten Erkrankungsfälle der äussern Station. In einzelnen Fällen von Rippencaries war eine völlige Trennung der Rippen vom Brustbeine eingetreten, auch sah ich einen Fall, wo die einzelnen Theile des Brustbeins durch Caries von einander getrennt waren. Wodurch gerade diese Krankheitsformen so häufig hervorgerufen werden, darüber sind die franz. Militärärzte noch uneins und unklar. Man beschuldigt zuvörderst die Wachtlokale. Dieselben seien klein und im Winter stark geheizt. Wenn nun aus ihnen die Soldaten in kalter Nacht auf die Posten zögen, so wären Erkältungen und in deren Folge Branchitiden unvermeidlich. Ganz abgesehen aber davon, dass Bronchitis nur selten zur Tuberkulose führt, so scheint uns dieses Moment schon desshalb von geringer Bedeutung, weil es mehr oder weniger bei allen stehenden Heeren sich findet, ohne Tuberkulose in so hohen Procentsätzen zu veranlassen. Uns wollten zwei Momente von weit grösserer Tragweite und von weit schwererer Bedeutung erscheinen. 1) Man ist entsprechend dem grossen Bedürfniss der enormen Armee des Empire von Jahr zu Jahr in dem zur Einstellung nöthigen Maasse heruntergegangen. Während die gewaltigen Männer, welche die glänzenden Triumphe der ersten Republik und der ersten Jahre des ersten Empire herbeiführten, alle 1 m. 60 c. gross sein mussten, ist man heute schon mit 1 m. 54 c. zufrieden. Diess Maass ist offenbar zu gering, denn es ist anzunehmen, dass ein Mensch, welcher im 20. Lebensjahre erst diese Grösse erreichte, sein Wachsthum noch nicht vollendet hat. Quételet weist in einem höchst interessanten Aufsatze in den Annales d'hyg. et de méd. lég. (tom III p. 24)

„sur la taille moyenne de l'homme etc." nach, dass das Wachsthum von dergleichen Individuen oft erst nach dem 25. Lebensjahre beginne. Solche unfertige Constitutionen aber der ganzen Strenge des angreifenden Militärdienstes, dem gefährlichen Casernenleben etc. aussetzen, heisst dieselben untergraben und verkümmern und die Lazarethe bevölkern. Als Napoleon I. 1814 Soldaten unter 1 m. 54 c. nehmen musste, waren die Kraft und Unüberwindbarkeit seines Heeres gebrochen. Nun wissen wir auch aus der täglichen Erfahrung, dass keine Zeit mehr zur Entwickelung der Tuberkulose prädisponirt, als die Zeit des Wachsthums und der Entwickelung. Setzt sich nun solch ein unentwickeltes Individuum fortwährenden Erkältungen, wie wir sie eben erwähnten, aus, so kommt es anstatt zu einfachen Lungencatarrhen, zur Entwickelung von Tuberkeln. 2) Erschien uns die Nahrung der französischen Armee in den Casernen ungenügend. So oft ich in den Küchen war und das Essen ansah, stets fand ich eine dünne Suppe aux choux mit wenigem und nicht immer guten Rindfleisch und etwas Weissbrot als einzige, beständig wiederkehrende Kost der Soldaten zu Mittag. Auch wollte uns die Portion Weissbrot für einen in grosser Anstrengung lebenden jungen Mann nicht ausreichend erscheinen. Wer nicht aus eigenen Mitteln sich etwas dazu kaufen kann, wird weder völlige Befriedigung seines Hungers noch den nöthigen Ersatz der durch den täglichen Umsatz verbrauchten Stoffe und Gewebe aus der dargebotenen Nahrung finden können. Dazu kömmt ferner noch die Mangelhaftigkeit der Kasernirung, die ich später ausführlicher behandeln werde.

Ich habe jene beiden Momente wiederholentlich gegen die französischen Collegen angeklagt, bin aber immer auf Widerspruch gestossen. Dass dieselben Ursachen auch für Gelenk- und Knochenkrankheiten prädisponiren, brauche ich kaum zu erwähnen. Was aber die eigenthümlichen Localisationen in Rippen und Fusswurzelknochen bedingt, konnte ich nicht erfahren. Jedenfalls ist Bekleidung und Dienstart dabei im Spiele, doch ist das „wie" nicht ermittelt. — Die Typhösen, denen ich in den Militärspitälern begegnete, stammten meist aus der Caserne prince Eugène. Ich werde weiter unten darüber ausführlicher berichten. Auf der äussern Station fand ich noch zwei Blessirte von Solferino. Dem einen war eine Kugel durch das rechte

Schultergelenk gegangen und hatte umfangreiche Zerstörungen im humerus verursacht. Es bestand eine profuse Eiterung aus mehreren Fistelöffnungen, durch welche häufig Fragmente des humerus ausgestossen wurden. Mir wollte diess ein sehr günstiger Fall für eine Resection erscheinen, doch liebt man diese Eingriffe in Frankreich nicht. Der zweite war bereits geheilt, doch mit grosser Entstellung. Es war der Schuss durch das Gesicht gegangen und hatte die Nasenknochen und die vorderen Partien des Oberkiefers fortgerissen, so dass der unglückliche Blessirte kaum noch einem Menschen ähnlich sah. Es herrschte gerade, als ich das Hospital besuchte, eine ziemlich bösartige Endemie von Gangraena nosocomialis, welche die leichtesten Wunden complicirte und dieselben in der kürzesten Zeit zu den lebensgefährlichsten machte. Man hatte indessen wenig Patienten daran verloren, so dass Legouest von 6 in den letzten vier Jahren am Oberschenkel Amputirten 3 durchgebracht hat, während in den Pariser Civil-Spitälern von 3 Amputirten durchschnittlich 2 starben. Auf die Behandlungsweisen komme ich späterhin im Zusammenhange.

Die militärärztliche Schule, welche sich beim Eintritt in den Hof rechts befindet, hat sich im Ganzen nicht verändert. Jeder Arzt, der in der französischen Armee dienen will, muss nämlich seit 1852 entweder besondere Prüfungen bestehen, oder er muss ein Jahr auf der école spéciale zugebracht haben. In der neusten Zeit aber strebt man danach, die erste Möglichkeit ganz fallen zu lassen und die letztere als alleinige Bedingung zum Eintritte in die Armee geltend zu machen. Die Prüfungen zum directen Eintritte in die Armee oder zur Aufnahme in die école spéciale finden jährlich in Montpellier, Paris und Strassburg vor einer Commission Statt, welche aus einem méd. insp. und einem med. princ. aus Paris, zu denen dann noch an gedachten Orten ein dort angestellter méd. princ. tritt, besteht. Es wird eine schriftliche medicinisch-therapeutische Arbeit gemacht und mündlich über chirurgische Anatomie und practische Chirurgie examinirt. Bei seiner Rückkehr nach Paris reicht der méd. insp. als Präses die Candidatenliste dem Kriegsminister ein. Die aufgenommenen Aerzte haben Gehalt und Stellung der Aidemajors 2 Cl., wohnen im Hause oder dicht daneben und tragen im Dienste stets Uniform. Der Unterricht hatte leider noch nicht begonnen, so dass ich darüber nichts berichten kann. Nach dem mir durch des Herrn

Directors, des méd. insp. Michel Levy, Güte zugegangenen Plane wurde Folgendes gelesen.

1. Quadrimestre 15. Jan. — 15. Mai.

Maladies et épidémies des armées: Ms. Laveran.
      Lundi et Vendredi 4—5 heures.
Anatomie des régions: Ms. Mounier.
      Lundi, Mercredi et Vendredi de 2—3 $1/2$ heures.
Blessures de guerre: Ms. Legouest.
      Jeudi de 9 à 10 heures.
Chimie appliquée aux expertises dans l'armée: Ms. Coulier.
      Mardi et Samedi de $1 1/2 - 2 1/2$ heures.
Diagnostic et exercices qui s'y rattachent: Ms. Colin.
      Mardi et Samedi de $12 - 1 1/2$ heures.
Bandages et appareils: Ms. Lecomte.
      Mardi et Mercredi de 4—5 heures.
Pharmacie militaire: Ms. Roussin.
      Lundi et Vendredi de $12 - 1 1/2$ heures.

2. Quadrimestre 20. Mai — 20. September.

Médecine opératoire: Ms. Lustreman.
      Lundi, Mercredi, Vendredi $12 - 1 1/2$ heures.
Hygiène et médecine légale militaires: Ms. Champouillon.
      Lundi, Mercredi, Vendredi 4—5 heures.
Blessures de guerre: Ms. Legouest.
      Jeudi 9—10 heures.
Chimie appliquée aux expertises de l'armée: Ms. Coulier.
      Mardi et Samedi $12 - 1 1/2$ heures.
Bandages et appareils: Ms. Lecomte.
      Samedi $1 1/2 - 3$ heures.
Pharmacie militaire: Ms. Roussin.
      Lundi et Vendredi $12 - 1 1/2$ heures.

Der Stundenplan für den einzelnen Tag ist danach folgender:

1. Quadrimestre.

Lundi $12 - 2 1/2$ Travaux anatomiques: Ms. Paulet agrégé.
   $2 1/2 - 4$ Cours d'anatomie: Ms. Mounier Prof.
   4—5 Cours des épidémies: Ms. Laveran Prof.
Mardi $12 - 1 1/2$ Diagnostic: Ms. Colin agrégé.
   $1 1/2 - 2 1/2$ Chimie appliquée: Ms. Coulier Prof.
   $2 1/2 - 4$ Travaux anatomiques: Ms. Paulet.
   4—5 Bandages: Ms. Lecomte agrégé.

Mercredi 12—2½ Travaux anatomiques: Ms. Paulet.
         2½—4 Cours d'anatomie: Ms. Mounier.
         4—5 Bandages et appareils: Ms. Lecomte.
Jeudi 12—1½ Equitation.
Vendredi 12—2½ Travaux anatomiques: Ms. Paulet.
         2½—4 Cours d'anatomie: Ms. Mounier.
         4—5 Cours des épidémies: Ms. Laveran.
Samedi 12—1½ Diagnostic: Ms. Colin.
         1½—3 Chimie appliqué: Ms. Coulier.
         3—5 Manipulations chimiques: Ms. Roussin agr.

2. Quadrimestre.

Lundi 12—1½ Médecine opératoire: Ms. Lustreman Prof.
         1½—4 Manipulations chimiques: Ms. Roussin agr.
         4—5 Cours d'hygiène et de méd. lég. milit.: Ms. Champouillon Prof.
Mardi 12—1½ Chimie appliquée: Ms. Coulier Prof.
         1½—4 Exercices de méd. opérat.: Ms. Perrin agr.
         4—5 Répétition d'épidémiologie: Ms. Leplat agr.
Mercredi 12—1½ Résect. opérat.: Ms. Lustreman.
         1½—3 Exercices de méd. opérat.: Ms. Perrin agr.
         3—4 Bandages et appareils: Ms. Lecomte agr.
         4—5 Cours d'hygiène et de méd. lég.: Ms. Champouillon.
Jeudi 12—1½ Equitation.
         Visites aux établissements de salubrité.
Vendredi 12—1½ Médec. opérat.: Ms. Lustreman.
         1½—4 Manipulations chimiques: Ms. Roussin.
         4—5 Exercices de méd. légale milit.: Ms. Arnould agrégé.
Samedi 12—1½ Chimie appliquée: Ms. Coulier.
         1½—4 Exercices de méd. opérat.: Ms. Perrin.
         4—5 Cours d'hygiène et de méd. lég.: Ms. Champouillon.

Tous les jours {en hiver de 7—10 heures} service pratique et
{en été de 6—10 heures } clinique.

Die Cliniken werden gehalten:
Clinique médicale (toute l'année): Ms. Godelin.
         Lundi et Vendredi 8-10 heures.
„ chirurgicale (toute l'année): Ms. Legouest.
         Mardi et Samedi 8—10 heures.

Clinique des maladies vénériennes (hiver): Lustreman.
Mercredi 8—10 heures.
„   „   „   cutanées (été): Ms. Mounier.
Mercredi 8—10 heures.

Ein flüchtiger Blick auf den Plan lehrt, mit welcher Sorgfalt und wie eifrig man die operative Chirurgie und die Hygieine im Val-de-grâce pflegt. Das dazu nöthige Material liefert theils das Hospital selbst, theils wird es käuflich erworben. Die practischen Uebungen in der hygiène militaire erstrecken sich auf Untersuchungen von Nahrungsmitteln, Nachweis von Giften und schädlichen Substanzen, Untersuchungen der Luft und des Wassers. Die dazu benutzten Laboratorien sind zwar noch etwas roh, doch mit dem Nothwendigsten reichlich versehen und zweckmässig und bequem eingerichtet. Der zeitige Rector hat ein sehr lebhaftes Interesse dafür und ein tiefes Verständniss aller Zweige der Hygieine und unter seiner bewussten Leitung werden jährlich die fruchtbarsten Verbesserungen im Unterricht und im Laboratorium angebracht. Die übrigen Laboratorien und Sammlungen sind meist erst im Werden, besonders die Bibliothek, deren Lesezimmer indessen äusserst comfortable und fein eingerichtet ist. Die Sammlung anatomischer und naturhistorischer Präparate ist äusserst sorgfältig angelegt und wird mit grossem Fleiss und Verständniss vervollständigt. Der Donnerstag ist für Reitunterricht, zu freien Studien und zur Besichtigung interessanter Fabriken und sonstiger Etablissements, die den Zöglingen mit äusserster Liberalität zugängig gemacht sind, bestimmt. Nach Ablauf der Studienzeit, in welcher die Zöglinge einer strengen Ueberwachung unterworfen sind, wird abermals ein Examen gemacht, nach dessen Resultat die Anciennetät festgestellt wird.

2. Hôpital du Gros-Caillou.

Dieses Hospital wurde 1765 durch den Herzog von Biron für die Garde gegründet, doch finden sich heute alle Truppentheile in bunter Reihe in diesem, wie in allen andern französischen Militärspitälern, weil es Gesetz ist, die Kranken nach den Stationen, nicht nach den Garnisonen zu ordnen. Es liegt sehr hübsch in der Nähe des Champ-de-Mars und hat etwa 400 Betten. In dem älteren Vordergebäude befinden sich die Zimmer der Direction und die Pharmacie, die eigentlichen Hospitalgebäude umgeben einen grossen, schön angelegten Garten, sie sind zweistöckig, und neueren Datums. Die innere Station wird von Worms dirigirt, einem Elsässer von Gebuit, der eine sehr reiche praktische Erfahrung mit einem sichern Blick und erstaunlicher Belesenheit, besonders in den älteren Autoren verbindet. Sein Neveu, Jules Worms, der Verfasser einer sehr gründlichen Schrift über die Ovariotomie, vertritt ihn gewöhnlich auf der Station. Von beiden wurde ich sehr freundlich aufgenommen und ich verdanke ihnen vortreffliche Rathschläge und Aufschlüsse. Ausser einigen Pneumonikern waren Typhöse und Tuberkulöse auch hier der Hauptbestand der inneren Station. Intermittens ist äusserst selten in den Militärlazarethen. Ueber Simulationen hörte ich in Frankreich wenig klagen. Die Syphilis findet sich etwa in dem Verhältniss in den französischen Spitälern, dass auf 100 Kranke 7 Syphilitische kommen, ohne die Blennorrhöen mit zu rechnen. Hemeralopien, die früher öfter in dem Theile der Garnison, welcher um das Gros-caillou-hôpital liegt, im Frühjahr beobachtet wurden, kommen jetzt weit seltener vor. Das Verhältniss der Todesfälle zu den Erkrankungen ist etwa 1 Todter auf 25 bis 29 Kranke. Die täglichen Rapporte sind ziemlich kurz:

	Entrés.	Sortis.	Morts.
Fiévreux	”	”	”
Blessés	”	”	”
Vénériens	”	”	”

darunter eine genaue Angabe des Wetters und Windes bei Tage und bei Nacht.

Der Vierteljahrs-Rapport hat dagegen äusserst ausführliche Rubriken: 1) Système cutané (Rougeole, Scarlatine, Variole, Varioloides, Ephélides). 2) Système digestive (Amygdalite, Pharyngite, Gastrite, Gastro-céphalite, Gastro-bronchite, Gastro-Colite, Entéro-céphalite, Gastro-duodénite, Gastro-entérite, Colite aiguë, Colite chronique, Gastralgie, Péritonite, Ictère, Diarrhée chronique). 3) Appareil respiratoire (Laryngite aiguë, Laryngite chronique, Bronchite aiguë, Bronchite chronique, Pneumonie aiguë, Pneumonie chronique, Péripneumonie aiguë, Péripneumonie chronique, Hémoptysie, Hydothorax, Phthisie pulmonaire). 4) Appareil circulatoire (Anévrisme, Péricardite, Hydropéricardite, Hypertrophie du coeur. Anasarque, Hydropisie). 5) Appareil cérébro-spinal (Céphalalgie, Cardialgie, Hémiplégie, Paralysie,

Céphalite, Apoplexie, Nostalgie, Fièvre typhoide, Fièvre intermittente anomale, Fièvre interm. quotidien, Fièvre interm. tierce, Fièvre interm. quarte, Fièvre rémitt). 6) Appareil locomoteur (Rhumatisme aiguë, Rhumat. chronique, Rhumat. articulair, Arthrite aiguë, Arthrite chronique). 7) Appareil urinaire (Dysurie, Gravelle, Cystite). — Die Krankenwartung ist auch in den Militärspitälern in den Händen der Nonnen; man lobt allgemein ihre Sauberkeit und Pünktlichkeit und den guten Geist und die Ordnung, die sie unter den kranken Soldaten erhalten. Dieselben leiten und ordnen indessen nur. Das eigentliche Krankenwärterpersonal bilden die sogenannten Sanitätssoldaten, zu denen sich jeder eintretende Rekrut freiwillig melden kann. Sie tragen die Infanterie-Uniform und stehen unter der Intendance. Sie werden in den Hospitälern oder in den Feldlazarethen verwendet und avanciren zunächst zu Sergeanten. Als solche beaufsichtigen sie die Krankenwärter, folgen der Visite und notiren die Diät, welche dann vom Abtheilungs-Arzte unterschrieben wird. Vom Sergeanten können sie zu Intendantur-Offizieren avanciren. Lazarethgehülfen existiren in Frankreich nicht, die niedere Chirurgie wird von den Aides-major II. Klasse geübt.

Als Curiosum sei noch kurz erwähnt, dass die schönen, äusserst kunstreich geschnitzten Schränke und einzelne Gläser und Behälter der Apotheke dieses Hospitals aus der Hofapotheke in Wien stammen, aus der sie von den Franzosen unter Napoleon I. mitgenommen wurden.

3. Das Militär-Spital in Vincennes

ist eines der schönsten Spitäler in Europa. Es liegt auf einem freien mit Bäumen bestandenen Platze und ist mit dem grössten Comfort und einer seltenen Eleganz eingerichtet. Es enthält etwa 600 Betten, die Heizung und Ventilation geschieht nach dem Systeme des Civil-Ingenieurs Th. Grouvelle. Man tritt zuvörderst in den prächtigen Frontbau, welcher mit den beiden Seitenflügeln nur im Erdgeschosse durch eine Halle verbunden ist. Durch diese Construction sind die Ecken vermieden, in deren Umgebung die stagnirende Luft sich sammeln und Infectionen fortgepflanzt werden können. Gleich neben dem grossen Vestibul des Frontbaues hat man zur Rechten die hübsche Kirche und dahinter das Conferenz-Zimmer der Aerzte, zur Linken sind die Büreaux der Aerzte und der Verwaltung. Steigt man im

Frontbau eine Etage höher, so kommt man in die Wohnungen des Aufsichts-Offiziers, des Oberarztes und des Verwalters, in der zweiten Etage wohnen die Apotheker und die Unterärzte, im Dachwerke die Krankenwärter und Chirurgengehülfen. Dazwischen befinden sich einzelne Magazine. In dem rechten Seitenflügel kommt man zuerst in einen grossen Saal für das Weisszeug mit zwei kleinen Nebenzimmern, dann in die sauber gehaltene Wäscherei, von hier in die hübsche, mit allem Comfort eingerichtete Küche mit grossen Vorrathskammern daneben. An Letztere stösst der hell erleuchtete, bequeme Operationssaal. Vor diesem, durch einen weiten Flur getrennt, liegt der erste grosse Krankensaal. Dieselben enthalten je 40 Betten, die in zwei Reihen stehen. Die Betten sind bequem und sauber und haben alle Matratzen. Gleich beim Eintritte in den Saal liegt rechts und links ein kleines Zimmer, das rechte für die Wärterinnen, das linke für Schwer-Kranke, die isolirt werden müssen. Die Fussböden sind gebohnt; die Fenster hoch und gross. Die Luft fand ich äusserst angenehm und frisch, Alles athmete Sauberkeit und Eleganz. Zwei kleine Pavillons, worin die Schwestern schlafen, wohnen und essen, bilden das Ende des Flügels. In der ersten und zweiten Etage desselben befinden sich nur Krankensäle. Unten liegen meist chirurgische Kranke, oben ist die Abtheilung für die Inneren. In dem rechten Seitenflügel befindet sich unten die schöne Apotheke mit einem grossen Laboratorium und bedeutende Vorrathsräume. Daneben ist eine Badestube für Offiziere mit 4 Zink-Wannen äusserst comfortabel eingerichtet und neben dieser die Badestube für Soldaten mit 24 Holz-Wannen. Dann folgen die Zimmer für Dampf- und Schwitzbäder, endlich jenseits des Flures der untere grosse Krankensaal, dessen Schluss-Pavillons für kranke Offiziere eingerichtet sind. Die oberen Etagen enthalten Krankensäle. Die Latrinen lassen auch hier viel zu wünschen über, sie sind äusserst unbequem und unsauber. Eine eingehende Beschreibung der Ventilation und Heizung durch Zugessen (Grouvelle) müssen wir uns hier versagen, weil sie ohne Zeichnung doch unverständlich bleiben würde. Das System beruht darin, einen erwärmten Raum zu schaffen, zu welchem aus den Sälen die Luft durch eine Anzahl von in den Mauern befindlichen Röhren geleitet werden soll, um frische Luft, die aus dem Souterrain nach oben steigt und unter den Wasseröfen in die Säle gelangt, nachdringen zu lassen. Nach dem Urtheile Sachverständiger soll diess System sehr kostspielig sein. Chefarzt dieses Hospitals ist der wohlbekannte, um die Hygieine und Statistik hoch verdiente Boudin. Derselbe war leider! auf einer Dienstreise, so dass ich seine Bekanntschaft nicht machen konnte.*)

Was die Behandlung der einzelnen Krankheiten betrifft, so habe ich nur wenig davon zu berichten. Im Ganzen ist man sehr gegen die Blutentleerungen eingenommen, die Pneumonien werden fast durchgehends ohne Aderlässe behandelt und auch die localen Blutentziehungen nur äusserst selten in Anwendung gezogen. Man giebt grosse Dosen von Sulphuraurat oder Brechweinstein refracta dosi und ist mit diesem Verfahren äusserst zufrieden. Beim Typhus wendet man schon sehr früh Chinium sulphuricum in dreisten Gaben und eine roborirende Diät an. Den Ausbruch eines Schweissfriesels betrachtet man als ein günstiges Zeichen. Gegen ruhrartige Durchfälle giebt man Tinctura jodi innerlich und hält diess Medicament für das sicherste und wirksamste. Man hat davon im italienischen Feldzuge sehr gute Erfolge gesehen. Bei choleraartigen Durchfällen lobt Worms die Mineralsäuren in grossen Dosen als das einzige Mittel eine Reaction mit Sicherheit zu erzielen, ohne die Kranken gleichzeitig zu gefährden. Er giebt der Salpetersäure den Vorzug und zwar in folgender Form.: Dec. Alth. Gramm. 150, Acid. nitrici fumantis gramm. 4, Aq. menth. pip. gramm. 4, Syr. simpl. gramm. 40 stündlich 1 Essl. voll zu nehmen. Frottirungen hält er für nutzlos und lästig, Opium für gefährlich. Gegen Wechselfieber braucht Boudin im grössten Umfange und fast ausschliesslich den Arsenik. Die Art der Anwendung ist aus seinen Aufsätzen darüber bekannt. Die Syphilis wird immer noch nach Ricordschen Grundsätzen eingeheilt und behandelt, Syphilisation gar nicht geübt. — In den äusseren Fällen befolgt man die meist allgemein geübten Heilmaximen.

---

*) Nach dem Besuche des Herrn Berichterstatters ist am 1. Juli c. für die Garnison noch ein neues Militär-Lazareth unter dem Namen „Hôpital Saint-Martin" eröffnet worden. Es steht an der Stelle des ehemaligen Hospice des Incurables, dessen Baulichkeiten zur Herstellung desselben mitbenutzt worden sind.

Die Red.

Man wendet die Drainage in grosser Ausdehnung bei Bubonen und kalten Abscessen, bei chronischen Gelenkeiterungen etc. an. Bei Frakturen macht man meist einfache Schienenverbände, die übrigen Verbände von Geschwüren und Wunden sind meist sehr complicirt, man geht mit der Charpie sehr verschwenderisch um und macht von den Breiumschlägen den ausgedehntesten Gebrauch. Bei sehr gefährlichen Verletzungen bedient man sich der kalten Ueberrieselungen mit einem sehr einfachen Apparate. Dieser besteht aus einem Eimer auf einem Feldgestell. Er ist mit kaltem Wasser gefüllt, das mittelst eines Strickes oder Haarröhrchens fortwährend tropfenweise auf die kranke Stelle fällt. Diese selbst liegt auf vulkanisirtem Kautschuk. In leichteren Fällen bedient man sich der Kautschuckblasen oder einfacher Umschläge. Man ist im Allgemeinen sehr vorsichtig mit Operationen, hält aber wenig von der conservativen Chirurgie. Die Augenkrankheiten behandelt man mehr allgemein, als lokal; von Granulationen hat man verhältnissmässig wenig zu leiden.

Der Du jour-Dienst wird wie bei uns gehalten. Der Arzt du jour muss täglich die Speisen prüfen und den Befund notiren. In jedem Hospital befinden sich 1—2 Feldlazarethwagen vollständig gepackt, an denen mehrere Male im Jahre der praktische Dienst mit dem vorhandenen Personale geübt wird. Die Journalführung, so wie die Ausführungen aller Anordnungen besorgen die Aide-majors II. Kl. Sie besorgen auch die Aufnahme der Kranken. Der Lazarethschein der Kranken hat eine Rubrik, in der der Arzt, der ihn hereingeschickt hat, Krankheit und bisherige Behandlung bemerkt, der Hospitalarzt schreibt bei der Entlassung seine etwaigen Bemerkungen in dieselbe Rubrik, die nachher vom Truppenarzt abgeschnitten und aufbewahrt wird.

B. Pharmacie centrale.

Diess ist ein eigenthümliches und höchst wohlthätiges Institut. Es liefert sämmtlichen Militärlazarethen den Bedarf von Medicamenten, Bandagen, Charpie, Flaschen, Kruken, Compressen, Leinwand, Formularen etc. Von dieser Central-Apotheke hängen mehrere Filiale in der Provinz ab. An ihrer Spitze steht ein Pharmacien principal, welcher einer Centralkommission, bestehend aus dem Pharmacien inspecteur und einem Médec. inspecteur, Rechnung abzulegen hat. Alle Vierteljahr requiriren die Militär-

Apotheken der Provinzen aus ihr den nöthigen Vorrath, auch werden die Feldlazarethwagen von hier aus gefüllt. Bei Einrichtung eines neuen Lazareths liefert die Pharm. centrale den ganzen reglementsmässigen Bedarf von Medicamenten, Instrumenten, Bandagen und Apparaten. Zur Controle der Lieferungen hat man ein Zimmer mit mustergültigen Proben, mit denen man dann die gelieferten Gegenstände vergleicht. Ist die Waare nicht probemässig, so wird die Sendung zurückgeschickt, der Lieferant zahlt 500 Frs. Strafe und verliert den Contract. Im untern Stocke des ungeheuren Gebäudes sind Laboratorien zur Bereitung von Pflastern, Tincturen, Pulvern. In ihnen arbeiten mehrere Pharm. aide-majors und eine Menge Gehülfen. In den übrigen Zimmern stehen die Kästen der Ambulancen und der Pharmacies portatives. Erstere werden hier gepackt und versiegelt an die Truppen geschickt. Letztere sind kleine, leichte, in Strohkörben befindliche Kästchen mit Schubläden für die nothwendigsten Bandagen und Medicamente auf dem Felde versehen. Durch die von der Pharmacie centrale eingegangenen Contracte werden grosse Ersparnisse erzielt, und dann wird durch diese Einrichtung den Lazarethen eine gleichmässig gute Waare sowohl an Droguen als auch an Bandagen und Instrumenten und Apparaten geliefert.

C. Die Casernen.

Das Empire hat zur Unterbringung der zahlreichen Truppen eine Menge grosser Casernen im Inneren und oft an den schönsten Stellen von Paris geschaffen, die schon von Weitem durch ihren imponirenden Umfang, durch den stattlichen Bau und die reichen Verzierungen dem Auge des Fremden angenehm auffallen. Vorzüglich gilt diess von der Caserne du Prince Eugène, welche am Boulevard St. Martin liegt. Dieselbe besteht aus einem grossen Quer- und drei Hintergebäuden, welche viereckig um einen freundlichen Hof geordnet sind. Sie geben drei Linien-Regimentern Quartier. Man tritt durch ein weites Thor, in dem die Casernenwache sich befindet, zu beiden Seiten in einen überdeckten Säulengang ein, der rings um den Hof führt. Auf diesen münden die Treppen. Die Kellerräume des Vordergebäudes dienen zu Militärgefängnissen. Dieselben sind ganz aus Sandsteinen gebaut, ziemlich eng, mit kleinen, vergitterten Fenstern versehen und haben keine Vorrichtungen zum Heizen.

Die Wände erschienen mir feucht und die Luft dumpf und schwer. Ich hatte an demselben Tage das grosse Zellengefängniss Mazas gesehen und ich muss gestehen, dass es mich äusserst unangenehm berührte, in wie scheusslichen Orten der Staat die leichten Vergehen seiner Soldaten bestraft, während er für die schweren Verbrecher die saubersten, gut ventilirten, sorgfältig geheizten Zellen erbaut. Die Kellerräume der Seitengebäude sind zu Vorrathszimmern, zu kleinen Restaurationen für die Sous-officiers und zu Küchen benutzt. Steigt man im Vordergebäude eine Treppe hoch, so kommt man gleich rechts in die Infirmerie. Dieselbe hat etwa 50 Betten. Die Zimmer sind ziemlich gross und sehr ärmlich eingerichtet, die Betten schmal und niedrig, die Heizung sehr mangelhaft, Ventilationsvorrichtungen fehlen gänzlich. Die Betten stehen ziemlich weit auseinander und sind nicht alle belegt. Es werden hier die leichteren Fälle wie Intermittens, Catarrh, Gastrosen, Tripper, Furunkeln, Distorsionen und die Scabies ausschliesslich behandelt. Gegen Letztere wendet man jetzt die belgischen Schnellcuren an. Zur Pflege der Kranken sind die oben beschriebenen Krankenwärter, doch in sehr geringer Zahl, vorhanden. Neben den Krankenzimmern befindet sich eine Badestube, welche einen ziemlich wüsten Eindruck macht und nur zwei bis drei Wannen enthält. Die Bäder werden nur an bestimmten Zeiten des Tages verabreicht, da das Wasser dazu immer erst in grossen Kesseln erwärmt werden muss. In einem geräumigen Zimmer, das in der Mitte von den Krankenstuben liegt, wird des Morgens die ärztliche Consultation abgehalten. Es befindet sich darin ein Schrank mit den nothwendigen Medicamenten und Bandagen, Tische mit Büchern, Formularen und Papier und mehrere Stühle. Da in den französischen Casernen kein Arzt wohnt, so kommen die bei den Truppentheilen fungirenden Aerzte des Morgens um 7 Uhr hierher, untersuchen die Kranken, bestimmen, ob sie in das Lazareth, die Infirmerie u. s. w. sollen und machen dann schliesslich die Visite in der Infirmerie. Die Behandlung in den Infirmeries ist äusserst einfach, meist Theearten und geringe Sorgfalt erfordernde äussere Mittel. Steigt man nun noch eine kleine, für eine so besetzte Caserne gewiss zu schmale Treppe hinauf, so kommt man in die von den Soldaten bewohnten Räumlichkeiten. Diess sind grosse, mehr lange als breite Zimmer, in denen 40—50 Mann liegen. Sie haben ausser zwei ziemlich hohen Fenstern keinerlei Ventilationseinrichtungen. Die Heizung geschieht durch kleine eiserne Oefen. Dieselben werden indessen nur äusserst selten benutzt. Die Betten stehen ziemlich eng neben einander. Nach dem Reglement soll 25 Centimètres Zwischenraum zwischen den Betten in den Casernen sein, doch schien mir auch diess geringe Maass nicht eingehalten. An den Wänden sind die Kästen für die Mannschaften zur Aufbewahrung ihrer Sachen; der Fussboden ist von Holz, doch konnte man vor Schmutz kaum das Faktum constatiren. Es wurde von den Soldaten in den Zimmern stark geraucht, so dass die meisten Gegenstände im Zimmer in grauen Nebel gehüllt erschienen und dem Olfactorius des Besuchers, der in den Casernen schon so schwere Heimsuchungen hat, auch noch die Qualen des schlechten Tabaks auferlegt sind. Man kann sich wohl leicht denken, dass die Luft in den Zimmern nicht die beste war. Man sucht dieselbe dadurch zu verbessern, dass man die Mannschaften am Tage so viel als irgend möglich ausserhalb der Zimmer beschäftigt, doch kann diese Massregel nicht ausreichen, und es ist gewiss in der schlechten Ventilation und Ueberfüllung dieser Caserne der Hauptgrund für die häufigen Typhusfälle, die in derselben vorkommen, zu suchen.

Die zweite Ursache sind unstreitig die schlechten Latrinen. Dieselben liegen an den Enden der Gänge und sind äusserst unrein und unbequem, wie die aller öffentlichen Anstalten Frankreichs. Die Soldaten müssen ihre Nothdurft im Stehen verrichten. Dabei riecht man es selbst im Winter, wenn man in die Nähe der Latrinen kommt. Ein drittes Moment zur Unterhaltung der Typhusendemie in dieser Caserne scheint mir in der Lage derselben zu suchen zu sein. Man sagt in Paris allgemein, dass bei der Anlage der Casernen strategische Zwecke verfolgt seien. Man hat daher die hygienischen Verhältnisse des Ortes, wo man dieselben erbauen musste, wenig berücksichtigen können. Hinter der Prince-Eugène-Caserne fliesst der Canal St. Martin, ein schmutziges, träges, im Sommer übelriechendes Wasser, zu dessen Reinigung jährlich grosse Summen, doch ohne nachhaltigen Erfolg, aufgewandt werden. Dass dieser Sumpf für eine grosse Caserne eine unangenehme Nachbarschaft ist, bedarf keines langen Beweises. — Eine hübsche Einrichtung in den französischen Casernen sind die Lavoirs. Sie liegen in den Säulengängen und bestehen aus langen steinernen Behältern, in die fortwährend frisches Wasser aus verschliessbaren Hähnen fliesst, während dasselbe durch kleine Oeffnungen im Boden wieder abgelassen werden kann. Hier waschen sich die Soldaten des Morgens und holen im Laufe des Tages ihr Trinkwasser. Das Wasser ist klar und frisch und schmeckt angenehm. Besser wäre es allerdings, wenn diese Lavoirs in bedeckten und umschlossenen Räumen ständen, da sie sonst leicht zu Erkältungen Veranlassung geben können. Als ich das zweite Mal in der Caserne war, wohnte ich einer interessanten Inspection der Truppen bei, welche mir ein Bild der vielseitigen Ausbildung, die der französische Soldat geniesst, gab. Es musste nämlich Compagnie für Compagnie vor dem General singen, tanzen, ringen, fechten und springen. Der Gesang der Kriegs- und Vaterlandslieder war zweistimmig und recht munter und frisch und die Leibesübungen wurden mit einer erstaunlichen Schnelligkeit, Gewandtheit und Eleganz ausgeführt. —

Die übrigen Casernen liegen meist gesunder, sind aber im Ganzen wie die näher beschriebene Caserne Prince Eugène eingerichtet.

Einige Erfahrungen aus der englischen und französischen Chirurgie.

A. Die englische Chirurgie.

Der helle Stern der französischen Chirurgie, dessen Glanz einst ganz Europa erleuchtete und erwärmte, ist stark im Sinken. Die grossen Fragen, welche heut zu Tage die ernsten Köpfe beschäftigen, verliert man in Frankreich mehr und mehr aus den Augen und wird dafür in den kleinen um so grösser. Spitzfindigkeiten, engbrüstige Theorien und ein breites, phrasenreiches Raisonnement sind an die Stelle der nüchternen Naturbeobachtung und der exakten Untersuchung getreten. Ein unerhörter Instrumentencultus macht sich täglich breiter und der Schwerpunkt der Operationen sinkt mehr aus der Hand des Chirurgen in die des geschickten Technikers. Man fängt an mit einem Instrumente und nach einem Verfahren Alles zu operiren und zu behandeln und bemüht sich, das Messer aus der Chirurgie zu verdrängen. Der Verband wird unsauber und oberflächlich gemacht, die medikamentöse Nachbehandlung ist äusserst complicirt. Die von den Chirurgen erzielten Resultate stehen denen aller Länder nach. Die wissenschaftliche Ausbeute, welche Paris dem deutschen Arzte gewährt, ist also äusserst gering. Um so wohler und heimischer fühlt man sich dagegen unter der englischen Chirurgie, da ist frisches Leben, echter Forschergeist und deutscher Ernst! Nicht durch den Glanz neuer Entdeckungen, nicht durch bequeme Instrumente hat die englische Chirurgie sich ihren wohlbegründeten Ruf erworben, sondern durch die sorgsamen Untersuchungsmethoden, durch die ruhige und bewusste klinische Beobachtung, durch die Feinheit und Kühnheit der geübten Operationsverfahren. Sie ist in jeder Hinsicht eine ebenbürtige Schwester der deutschen Chirurgie und übertrifft dieselbe bei Weitem durch ihre ausserordentlich günstigen Resultate. Werden auch Letztere hauptsächlich durch die vortreffliche Einrichtung der englischen Spitäler ermöglicht, so trägt doch die Art der Behandlung und des Verbandes wesentlich dazu bei. Der Erfolg des Chirurgen hängt an Kleinigkeiten und dass man diese so genau beachtet und studirt hat, ist eine der lehrreichsten Erfahrung für den in England reisenden Arzt. Man möge es uns daher nicht verargen, wenn wir unsere Berichte mit den kleinen Dingen eröffnen.

A. Der englische Verband
1. frischer Wunden.

Man strebt in England alle frische Schnittwunden durch prima intentio zu heilen. Astley Cooper räth sogar bei Schusswunden die prima intentio zu versuchen. Nur bei stark gequetschten, gerissenen Wunden oder bei einem grossen Substanzverluste steht man von vorn herein davon ab. Zuvörderst stillt man die Blutung. Wenn es irgend möglich ist, vermeidet man die Unterbindungen, weil man jeden Faden für Complication der Wunde ansehen muss. Es sammelt sich an ihm das Wundsekret, dasselbe zersetzt sich, reizt die Wunde und führt zur Eiterung. Wenn man unterbinden muss, so zieht man schwache Seidenfäden vor. Stahlfäden habe ich dazu nur selten anwenden sehen. Man bemüht sich dabei nur das Gefäss zu fassen, weil man durch Mithineinnehmen anderer Gewebe die Abstossung der Ligaturen verspätet und somit die Reizung der Wunde vermehrt. Ist keine Arterie verletzt, so lässt man kaltes Wasser, aus leinenen Tüchern gedrückt, in breiten Strömen über die Wunden fliessen, um die Capillaren zur Contraction zu bringen: Erichsen giesst mehrere Becken kalten Wassers darüber. Grössere Wunden verbindet man nicht auf der Stelle, man macht erst 3—4 Stunden kalte Umschläge, lagert den Kranken ruhig, giebt ihm einige Excitantien und ist die Blutung gestillt, dann erst geht man an den Verband. Diess Verfahren sieht man fast nach allen grösseren Operationen einhalten. Nach Stillung der Blutung entfernt man sorgfältig alle fremden Körper, besonders alle Coagula aus der Wunde. Dazu bedient man sich zuweilen guter, neuer Schwämme, meist aber feuchter leinener Tücher. Man vermeidet die Schwämme so viel als möglich in London, weil durch sie, selbst bei der sorgfältigsten Reinlichkeit, leicht Contagien übertragen werden können. Vielleicht hat auch zur Verbannung derselben das Unglück eines berühmten Ovariotomisten mit beigetragen, der einen Schwamm im Leibe der Frau hatte liegen lassen und denselben erst bei der Section als Ursache der tödtlichen Peritonitis wiederfand. Dann geht man an die Vereinigung der Wundränder. Bei grossen und bedeutenden Wunden bedient man sich der blutigen Nähte, meist Knopfnähte mit feinen Eisenfäden angelegt. Doch sieht man auch die umschlungenen Nähte noch ziemlich viel, und besonders bei tiefen Wunden gern gebraucht. Man legt im Ganzen so wenig Suturen als möglich an, so dass sie 3—5 Centimetres von einander entfernt sind. Noch lieber vermeidet man sie ganz und gar und sucht durch zweckmässige Lagerung und einige lose angelegte Bindentouren die Wundränder einander zu nähern. Mehr als die Suturen fürchtet man aber die Pflaster, weil sie doch nur die Ränder und nicht die tieferen Partien der Wunde vereinigen und weil sie die Haut reizen und zu Rosen Veranlassung geben. Einzelne Chirurgen z. B. Fergusson, Cooper wenden indessen folgende Pflastermasse noch häufig an:

Diachylon simplex.
Oxydi plumbi libr. vi,
Olei olivarum Gallon i,
Aquae Pintes ii,
Ext. sup. lint.

Dasselbe wird vorsichtig erwärmt angelegt. Was die Lagerung des Theiles anbetrifft, so sorgt man dafür, dass sie die Vereinigung der Wundränder begünstige, dabei möglichst bequem für den Patienten und günstig für die Circulation und den Abfluss der Wundsekrete sei. Man hat dazu in den meisten Spitälern gebogene Holzschienen, die man vorher mit der schönen englischen Watte auspolstert. Für die weitere Behandlung dieser Wunden gilt der Grundsatz von Skey: „wir rechnen auf die Natur mehr als auf unsere Kunst!" Man befleissigt sich daher der grössten Einfachheit. Es wird auf die Wunde ein Streifen Lint gelegt, der in Wasser von 10 — 20° R. getaucht ist und darüber ein inpermeabler Stoff. Das Lint ist ein dicker, poröser, leinener Stoff, dessen eine Seite, die auf die Wunde kommt, etwas rauh, die andere glatt ist. Man schneidet dasselbe in Streifen und benutzt gewöhnlich Stücke, die etwas grösser, als die zu bedeckende Wunde sind. Charpie ist in England gänzlich proscribirt. Ich habe während meines Aufenthalts in London in keinem Hospitale auch nur einen Faden Charpie gefunden. Man macht der Charpie dieselben Vorwürfe, welche ich in München von Pettenkofer gehört habe. Sie absorbire den Eiter und begünstige durch ihre Porosität einen beständigen Contact desselben mit der Luft und dadurch seine Zersetzung. Der in der Charpie befindliche Eiter reagire schnell sauer und wäre somit ein gefährlicher Reiz für die Wunde. — Der inpermeable Stoff, welcher die Verdunstung des Wassers verhindern, die Temperatur gleichmässig und Schädlichkeiten fern erhalten soll, ist entweder Taffet oder Guttapercha, geölte Leinwand oder gefirnisstes Papier, wie es Dr. M' Ghie angegeben hat. Zur Bereitung des letztern wird folgende Mischung verwendet:

Olei lini 1 Gallon,
Lithargyris acetatis plumbi ʒi sc. ii,
Cerae albae et terebinthinae,
Coque per horam,

das Papier damit bestrichen und an der Luft getrocknet. Bleibt der Kranke im Bette, so wird keinerlei Binde zur Befestigung darüber gelegt, um jeden Druck und jede Circulationsstörung zu vermeiden. Dieser saubere und einfache Verband wird selten gewechselt und nicht ohne Grund, oft bleibt er 3—4 Tage liegen. Ab und zu wird die impermeable Decke gehoben und das Lint wieder etwas besprengt. Die Suturen entfernt man möglichst früh, man zerrt indessen nicht ohne Grund an den Ligaturen. Tritt lebhafte Entzündung und Schmerz ein, so macht man stärkere Compressen von Lint und nimmt kaltes Wasser in häufigem Wechsel. Bei höheren Graden der Entzündung macht man

Ueberrieselungen aus dem einfachen Apparate, den wir bei den französischen Militärspitälern beschrieben haben, bei noch höheren benutzt man die Eisblase, doch selten direkt auf der nackten Wunde. Wenn es nun trotzdem zur Eiterung kommt, so bedient man sich meist hydropathischer Einwickelungen, auch wohl aromatischer Fomente, höchst selten aber, wiewohl in der neuern Zeit öfter als sonst, der Cataplasmen. Der Widerwille der Engländer gegen die Cataplasmen ist so volksthümlich, dass, wie Velpean erzählt, man einst im Parlamente die Behauptung aufgestellt hat, es seien mehr Soldaten durch Breiumschläge, als durch feindliche Kugeln umgebracht. Wohl mögen die Engländer hier etwas zu schwarz sehen und übertreiben, das wird man ihnen aber nicht abstreiten können, dass die Breiumschläge, wie sie heute in den meisten Spitälern verabreicht werden, durch saure Gährung, durch Imbibition mit fauligen Wundsekreten eine Brutstätte für Contagien etc. und das Bedienen der verschiedenen Kranken aus einem Topfe, in den man immer wieder die gebrauchten Massen zusammenschüttelt, die gefährlichsten Uebertragungen vermittelt werden. Droht Brand, so sah ich Umschläge mit Chlorkalk machen. Ist eine allgemeine Antiphlogose indicirt, so lässt man nicht zur Ader, meist begnügt man sich mit örtlicher Blutentziehung, Diätbeschränkung und unter den inneren Mitteln spielt Quecksilber und Opium die Hauptrolle. Meist ist es aber Grundsatz, schon frühzeitig kräftig zu nähren und selbst zu excitiren, was wohl durch die Lebensgewohnheiten der Engländer bedingt wird. Noch eins dürfen wir nicht zu erwähnen vergessen: es gilt als strenge Regel, dass jedes Verbandstück nach einmaligem Verbrauche verbrannt wird.

2. Eiternde Wunden.

In Wunden, die man durch Eiterung schliessen muss, (gequetschte Wunden, Wunden nach extirpirten Balggeschwülsten, nach exstirpirten Krebsen mit grossen Substanzverlusten, nach exstirpirten Lipomen etc. etc.), legt man einen mit frischem Wasser angefeuchteten Streifen Lint, den man mit einem zweiten breiteren bedeckt. Beide bleiben so lange liegen, bis die Eiterung beginnt. Hat sich nun in kurzer Zeit die Wunde so gereinigt, dass eine schnelle Vereinigung wünschenswerth erscheint, so legt man leinene Compressen zu beiden Seiten der Wundränder und zieht die Ränder mit Bindentouren oder mit Diachylon-

Pflaster-Streifen zusammen. Die Behandlung der übrigen eiternden Wunden richtet sich nach der Beschaffenheit der Granulationen: 1) Sind dieselben roth und kräftig, so bleibt man bei dem Einlegen eines schmalen, in Wasser getauchten Streifen Lint. Dieser wird mit einer Binde befestigt und nur alle 2 oder 3 Tage gewechselt. Man erhält die Wunde dadurch sauber, dass man ab und zu im Tage ein grosses, leinenes, nasses Tuch darüber ausdrückt. Zu gleicher Zeit reinigt man die Umgegend der Wunde, ohne zu drücken, zu quetschen oder zu zerren. Bei grösseren Wunden lässt man das Bett hüten, bei unbedeutenderen aufstehen. Zeigen sich Rosen oder andere contagiöse Affectionen an der Wunde, so kommt der Kranke in ein kleines isolirtes Zimmer. 2) Bei zu profuser Suppuration lässt man absolute Ruhe, hohe Lage des kranken Gliedes einhalten und sorgt für beständige Reinigung der Wunde. Reicht diess nicht aus, so feuchtet man das Lint mit einer adstringirenden Lösung an und beschränkt die Diät des Kranken. 3) Bei blassen, vitalitätslosen Granulationen legt man das Lint trocken ein und wechselt es häufiger am Tage. Reicht diess nicht aus, so verbindet man mit folgender Lösung:

    Zinci sulph. gr. ii,
    Spir lavandul ʒ ii,
    Spir. rorism. ʒ ß,
    Aq. dest. ʒ vi.

Auch Höllensteinlösungen sind im Gebrauch. 4) Bei seltenen und fungösen Granulationen versucht man zuerst den trocknen Verband, in schlimmeren Fällen und bei starken Fungositäten aber den Druckverband mit Diachylon-Pflaster, in den schlimmsten Fällen erst greift man zu ätzenden Mitteln. 5) Bei entzündlichen leicht blutenden Granulationen nimmt man das Wasser, womit das eingelegte Lint befeuchtet wird, möglichst warm und erneuert es 3 Mal im Tage und 2 Mal bei Nacht. In den schlimmsten Fällen wendet man das Wasser kalt an oder man nimmt etwas Borax oder Alumen dazu. 6) Ist die Wunde stark entzündet, die Umgegend geschwollen, die Absonderung serös, so macht man hydropathische Einwickelungen, warme Fomente, seltener Cataplasmen um das Glied. Man hat ein eigenthümliches Cataplasma stimulans, welches aus folgender Mischung besteht:
    Malti,
    Aquae fervidae ana ʒ v,

Misce cum,
Carbon. pulv. ℥ iii,
Farin. sem. lini ℥ iv,
Aquae fervidae ℥ x.

Zuweilen sieht man auch Umschläge von einer Mohnabkochung gebrauchen. Innerlich giebt man Opium in grossen Dosen: 12, 20, 30 gr. täglich. — Mit diesen einfachen Mitteln erreicht man die besten Resultate. Man sieht aus der Schilderung, dass man die Salben und Schmierereien der alten und besonders der heutigen französischen Chirurgie in England nicht liebt. Das Wasser, nach den verschiedenen Temperaturgraden genau abgemessen, und verschieden angewendet, bleibt hier fast das ausschliessliche Verbandmittel, und es bietet ausser seiner schönen Wirkung noch die Vortheile der Billigkeit und Reinlichkeit dar. Zur einfach expectativen Behandlung der Wunde nimmt man es von 20—30 Centigr. das sog. Water-dressing, soll es beruhigend wirken, so wird es von 0—25 Centigr. genommen und im Nothfalle noch eine Eisblase darüber gelegt. Wünscht man die erweichende Wirkung, so muss es die Temperatur von 35—40 Centigr. haben. Um die excitirende Wirkung zu haben, verfährt man so: man begiesst die Wunde mit Wasser von 0 Centigr. ein oder zwei Minuten lang und verbindet dann sofort mit Lint, welches in Wasser von 30°—40° getaucht ist.

B. Einiges über die verschiedenen in England geübten Operationsverfahren.

Jedes Hospital hat einen bestimmten Tag, an welchem die wichtigsten Operationen vorgenommen werden und zwar geschieht diess meist des Nachmittags um 2 Uhr. Da sich in den Spitälern im Laufe der Woche ein bedeutendes Material anzuhäufen pflegt, so sieht man an dem betreffenden Tage die verschiedensten und grössten Operationen. In den meisten Krankenhäusern Londons besteht nun die löbliche Sitte, dass am Tage vor den Operationen sämmtliche Chirurgen des Spitals sich im Operationssaale versammeln und hier vor den Eleven eine öffentliche Consultation über die bedeutendsten Fälle halten, worin sie sich über schwierige Diagnosen und über das einzuschlagende Heilverfahren zu einigen suchen. Hieraus erspriessen wesentliche Vortheile für die Kranken und für die Eleven und es wird auch dadurch eine gleichmässige Praxis für jedes Hospital erzielt, die dem Fremden bald in ihren Hauptzügen scharf und klar entgegen tritt. Am Operationstage versammelt sich nun wieder das ganze chirurgische Personal im Amphitheater — grossen bequemen, lichtvollen Sälen. Die Eleven bleiben oben, halten sich stehend und äusserst still; sehr angenehm fällt dem Fremden gleich ihr ernstes Wesen und ihr aufmerksames Verfolgen der Vorgänge auf. Unten sind die Chirurgen und die Assistenten. Letztere reichen die Instrumente, Schwämme etc. zu, besorgen auch wohl das Chloroformiren, die Chirurgen aber assistiren sich gegenseitig. Man sorgt mit grosser Aufmerksamkeit dafür, dass Jedermann die Operation gut sehen kann. Das Operationsbett ist ganz wie bei uns eingerichtet. Der Kranke liegt auf einem grossen Stück Schiffsleinwand, welches durch seitliches Einschieben von Holzstangen in eine bequeme Trage, wodurch der Kranke wieder in sein Bett gebracht wird, verwandelt werden kann. Die Kranken sind mit einem dicken Flanellmantel bekleidet und werden während der Operation bestmöglichst zugedeckt. Die in Anwendung gezogenen Instrumente sind im höchsten Grade einfach. Man erreicht Alles durch manuelle Fertigkeit, nicht durch complicirte theure Instrumente. So kühn und kaltblütig man auch in England operirt, nie habe ich eine leichtfertig unternommene, eine nur der Operation wegen oder einem Instrumente zu Liebe verrichtete Operation, wie in Frankreich so oft, gesehen. Das Reinigen der Schwämme in bequem eingerichteten Lavoirs, das Zureichen der Verbandstücke etc. geschieht durch die Schwestern (Sisters), welche in grosser Zahl den Operationen beiwohnen. Im Kings-College operirt am meisten Fergusson, ein Mann in den besten Jahren, ernst, still, äusserst freundlich und zuvorkommend, ein Gentleman durch und durch. Er operirt mit einer Sicherheit, Schnelligkeit, Ruhe und Eleganz, mit der sich von den mir bekannten Chirurgen nur unser Meister Langenbeck messen kann. Vor der Operation sagt er kein Wort. Ist dieselbe vollendet und der Kranke hinausgetragen, so hält er unter Vorzeigung der Präparate einen kurzen Vortrag. Fergusson ist ein Schotte von Geburt, er war mir daher äusserst schwer verständlich. Dabei spricht er leise und trocken, er hält die Zähne dabei ziemlich fest geschlossen, so dass sich die Worte nur mühsam durchklemmen können. Vergebens würde man die Farbenpracht der Diction, den Glanz der Darstellung, das witzige Spiel der Worte, das Blitzen und Leuchten der Gedanken, wie bei den französischen Clinikern darin suchen, es ist nur ein spindeldürres, furchtbar nüchternes, eng gemessenes — kurz ein echt englisches Referat über die Hauptmomente der Operation. Er benutzt den Fall nicht, um daran Vorträge über Chirurgie und Operationslehre zu halten, sondern er begnügt sich damit, die Besonderheiten des speciellen Falles kurz auseinander zu setzen. Ein beifälliges Schurren und Klopfen mit den Füssen von Seiten der Zuhörer folgt dem Vortrage. — Im University-College-Hospital operiren zwei junge, äusserst beliebte Chirurgen. Der eine, Erichsen, wird von den meisten Fremden für den bedeutendsten Chirurgen Englands erklärt. Er ist der Verfasser des gebrauchtesten Compendiums der Chirurgie. Sein Aeusseres ist ein sehr vornehmes, über dem vollen Gesicht ist ein tiefer Ernst verbreitet und aus den blauen Augen leuchtet frisches Leben und Freudigkeit. Seine Vorträge sind eingehender und fliessender, als die von Fergusson, sein Ausdruck gewandt und lebendig. Er operirt mit seltener Vollendung, ruhig, schnell, umsichtig und sicher; mit besonderer Vorliebe treibt er die Resectionen. Sein College Thomson erscheint noch jünger und lebendiger, als Erichsen, doch dürfte er demselben an Wissenstiefe und Gewandtheit wohl etwas nachstehen. — Im London-Hospital operirt vorzüglich Curling, der geistreiche Verfasser der Abhandlungen über Prostata- und Mastdarm-Krankheiten. Er ist bereits in den höheren Jahren, operirt langsam und bedächtig, seine Vorträge sind sachlich und sprachlich, höchst fesselnd und belehrend. — Die Chirurgen des Guys-Hospital sind meist alt und stehen auf einem etwas verjährten Standpunkte. Der gewandteste unter ihnen ist Cooper. — Im Bartholomews-Hospital sah ich Paget operiren. Derselbe ist ein feiner freundlicher Mann, der mit grosser Ruhe und Sicherheit im Operiren die gründlichsten Kenntnisse verbindet. Er kennt und achtet die deutsche Forschung und sein Name wird ja auch bei uns in so vielen Capiteln der pathologischen Anatomie mit Auszeichnung genannt. Sein tiefer Ernst nnd die liebreiche, würdevolle Art des Umgangs mit seinen Kranken und Schülern wirkt mit magischer Anziehungskraft auf seine Umgebungen und fesselt namentlich die jüngere Generation der Aerzte unwiderstehlich an ihn. Seine Vorträge sind äusserst gediegen, klar und erschöpfend.

Ich will nun in Kürze einiges Abweichende und Eigenthümliche, was ich in den Operationssälen gesehen habe, berichten.

1. Das Chloroformiren.

In London bekümmert sich kein Operateur um das Chloroformiren. In den Hospitälern trägt ein Interne die ganze Verantwortlichkeit, in der Privatpraxis chloroformiren besondere Aerzte, die sich mit nichts Anderem beschäftigen. Diess ist ein sehr einträgliches Geschäft. Früher war der berühmteste Chloroformator Snow, heute ist es der bekannte Anatom und Physiolog Beale. In einigen Spitälern werden die Patienten in besondern Zimmern chloroformirt und dann erst in den Saal getragen, in den meisten aber wird dieses Geschäft in den Sälen selbst vorgenommen. Man bedient sich in England ausschliesslich des Chloroforms; Amylen und Aether sah ich nie anwenden. Der Operateur erkundigt sich nie nach dem Befinden des Patienten und beginnt ruhig seine Operation, sobald es der mit dem Chloroformiren beschäftigte Interne, der auch zu gleicher Zeit den Puls fühlt, für möglich erklärt. Nur im London-Hospital sah ich ein Tuch zum Chloroformiren benutzen, in allen anderen mehr oder weniger complicirte Apparate. 1) Am meisten gebraucht fanden wir folgenden Apparat. (St. Thomas, Ophthalmic Hospital etc.) Eine Kappe dient als Mund- und Nasenhülle. Auf der vorderen Fläche des Nasentheils befindet sich eine Oeffnung, die mit einem kleinen Kautschuk-Deckel versehen ist, der bei der Exspiration sich öffnet, bei der Inspiration sich schliesst. Die untere Fläche des Nasentheils öffnet sich in ein röhrenförmiges Reservoir von Metall, dessen äusseres Ende durch eine Siebplatte geschlossen ist. Das Reservoir ist ganz mit Löschpapier gefüllt, welches sich mit dem durch die Siebplatte eingegossenen Chloroform imprägnirt. Die vom Patienten eingeathmete Luft strömt über das Chloroform und wir haben immer eine schnelle Wirkung danach beobachten können; ferner ist die Haut des Gesichtes geschützt vor der directen Einwirkung des Chloroforms. 2) Im Kings-College hat man einen grösseren Apparat mit demselben Mundstück. In dasselbe mündet aber ein langer Schlauch, an dessen Ende sich ein flaschenförmiger, innerlich aber ganz wie die oben beschriebene Metallröhre eingerichteter metallener Recipient befindet. 3) Der grosse und äusserst zusammengesetzte Apparat von Snow trägt an demselben Mundstück und einem langen Schlauch einen grossen, viereckigen, kofferförmigen Behälter von Guttapercha, welcher durch eine besondere Vorrichtung ganz mit Chloroform geschwängerter Luft gefüllt wird. Dieses Behältniss wird vom Chloroformator auf dem Rücken getragen, es ist so gross, dass es für zwei Patienten chloroformhaltige Luft genug enthält. — An den Spitälern, wo man eine einfache Compresse zum Chloroformiren benutzt, pflegt man das Gesicht des Patienten vorher etwas mit Oel einzureiben. Das Aufgiessen des Chloroforms geschicht stets nach sorgfältiger Gewichtsbestimmung. Bei der Beobachtung des Aetherisirten hält man sich an den Puls und vernachlässigt die Respiration vollständig.

2. Die Amputationen.

Man amputirt im Allgemeinen selten in England. In der Hospitalpraxis vermeidet man die primären Amputationen, d. h. Amputationen auf frischer That, weil nach genauen statistischen Untersuchungen, wie sie namentlich von Dr. Reid in Edinburgh angestellt sind, die secundären viel günstigere Erfolge geben. Es ist bekannt, dass die Erfahrung der Kriegschirurgie (Guthrie, Larrey, Hutchinson) gegen diese Maxime spricht. Den Cirkelschnitt sieht man höchst selten ausführen, fast durchgängig werden die Lappenschnitte geübt. Fergusson giebt als Regel an, dass eine Amputation 30 Secunden, im ungünstigsten Falle 3 Minuten dauern müsse. Nach der Operation wird sorgfältig unterbunden und die Nadeln werden durchgelegt, aber noch nicht zugeknüpft. Erst nachdem durch längeres Liegen an der Luft und kalte Umschläge die Blutung völlig gestillt und die Wunde von allen Gerinnseln gesäubert ist, schliesst der Interne die Nähte. Der Stumpf wird hoch und bequem gelagert und mit einer Compresse von Lint, die mit Wasser von gewöhnlicher Temperatur durchtränkt ist, bedeckt. Darüber wird ein breites Stück Wachsleinwand gelegt und dieser Verband nicht ohne Grund gewechselt. Der Operirte bekommt Opium innerlich, bei Schwächezuständen Excitantien in dreisten Gaben und am zweiten oder dritten Tage schon, wenn sich keine bedenklichen Symptome zeigen, solide und nahrhafte Kost. Eine Modification des Lappenschnittes, welche von Teale in Leeds angegeben ist, sah ich öfter üben. Danach wird ein grosser und ein kleiner Lappen gemacht und zwar so, dass der kleinere die grösseren

Gefäss- und Nervenstämme enthält. Der erstere hat die Dimensionen des halben Umfangs des Gliedes und ist so lang, dass er bequem über den abgesägten Knochen fortreicht und mit dem ebenso breiten, aber ³/₄ kleineren anderen Lappen verbunden werden kann. Diess Verfahren giebt ein gutes Polster für den Knochen und legt die Narbe nach vorn oder hinten, so dass die brauchbarsten Stümpfe dadurch erzielt werden.

3. Behandlung der Stricturen.

Man versucht in England die Dilatation der Stricturen erst mit dem einfachen Catheterismus. Geht diess nicht, so bedient man sich nicht, wie wir es aus Frankreich berichten werden, schneidender Werkzeuge, sondern man sprengt dieselben gewaltsam. Das eine Verfahren ist von Wakley. Er führt ein dünnes Rohr oder Bougie ein, über welches eine Reihe von metallenen Cathetern in immer steigender Grösse, so dass der nächst grössere immer über den nächst kleineren geht, schnell und gewaltsam und in rascher Folge eingeschoben werden. Diese metallenen Catheter haben natürlich dazu an der Spitze eine Oeffnung. Nach Entfernung derselben wird ein elastisches Bougie eingelegt. Da durch diess Verfahren öfter bedeutendere Verletzungen der Harnwege herbeigeführt werden, so hat Holt, vom Westminster-Hospital, die dünne Führungssonde durch zwei katheterförmig gebogene Blätter gedeckt. Das Verfahren ist dasselbe.

4. Steinschnitt.

Steinschnitte sieht man sehr häufig in England und zwar fast ausschliesslich die Sectio lateralis. Letztere wird von den meisten Chirurgen mit einer unglaublichen Schnelligkeit und Sicherheit ausgeführt. Ich sah sie von Fergusson bei einem kaum zweijährigen Kinde machen; er war mit einem Schnitt in der Blase, so dass kaum einige Tropfen Blut flossen und holte mit einem Griffe den Stein hervor. Seine Technik grenzte an das Zauberhafte. Die Sectio alta sah ich nirgends üben. Von Bowman wurde in einem Falle der Prostata-Schnitt, wie mir schien nach Vacca Berlinghieri, ausgeführt. Er machte einen Schnitt in der Mittellinie hinter dem Bulbus urethrae bis auf die Pars membranacea, in welche vorher eine Leitungssonde eingeführt war. In die Furche derselben setzte er nach Eröffnung der Harnröhre ein Messer ein und schob dasselbe bis in den Blasenhals vorwärts, um die Prostata genau in der Mittellinie vertikal nach unten bis nahe an die Peripherie zu spalten. Er holte auf diese Weise einen sehr grossen Stein ohne besondere Schwierigkeiten heraus.

5. Operationen der Necrosen.

Necrosen-Operationen sieht man fast täglich. Man hat sonst ganz dasselbe Verfahren zur Extraction der Sequester, als bei uns. Nur die Eröffnung der Knochenkloake macht man mit den schönen Knochenzangen von Weiss. Dieselben sind sehr scharf und kräftig und mit den verschiedensten Biegungen zur bequemeren Handhabung versehen. Durch sie wird das Zeit raubende und mühevolle Aufsägen vermieden.

6. Exstirpation von Geschwülsten.

Fergusson hat ein eigenthümliches Verfahren bei der Exstirpation von Geschwülsten. Er macht eine tiefe Incision, wodurch er die Geschwulst in zwei Theile spaltet. Dann quetscht er sie durch seitlichen Druck heraus und löst sie mit den Fingern. So einfach und schnell ausführbar diess Verfahren bei gutartigen Geschwülsten sein mag, bei bösartigen ist dadurch jedenfalls eine Radical-Exstirpation nicht zu erzielen.

7. Chloroform bei Gelenkkrankheiten.

Dasselbe ist bei Behandlung der Gelenkkrankheiten nach Paget doppelt nützlich 1) zur Hervorbringung einer zweckmässigen und ungefährlichen Lage des kranken Gelenkes bei acuten Entzündungen. Ruhige und gute Lagerung, Watteverbände, Ferrum cándens sind die Hauptmittel, die gegen acute Gelenkentzündungen ausser den inneren Mitteln angewendet werden. 2) Zur Lagerverbesserung nach abgelaufenen und schlecht behandelten Gelenkentzündungen. Ist einfache Muskelcontractur vorhanden, so übt Paget die gewaltsame Streckung unter allen Umständen. Bei ligamentösen Verwachsungen indessen räth er, unter folgenden Bedingungen von gewaltsamen Streckversuchen abzustehen: 1) bei Neigung zu Recidiven der Entzündung; 2) bei sehr langer Dauer der Difformität; 3) bei Vorhandensein einer markirten Diathese, z. B. Scrophulosis oder Syphilis; 4) bei starken Verwachsungen mit der Haut und narbigen Contracturen derselben. In diesen Fällen räth er zu allmäligen Extensionen oder Resectionen.

8. Resectionen.

Von den Resectionen, die sonst in England ziemlich häufig ausgeübt werden, sah ich nur einmal die Resection im Kniegelenk. Es war diess bei einer jungen Frau, die nach einem Trauma eine jahrelange Entzündung des linken Kniegelenks davon getragen hatte. Mr. Hulke sah sich endlich zur Resection gezwungen, er eröffnete das Kniegelenk durch einen H-förmigen Schnitt und entfernte die kranken Portionen des Femur und der Tibia. Zur einfachen Nachbehandlung wurde das Glied auf die Schiene von Mr. Intyre gelegt. Dieselbe ist eine aus starkem Eisenblech gefertigte und sorgfältig gepolsterte Hohlschiene, welche in der Gegend, wohin die kranke Stelle zu liegen kommt, seitlich ausgeschweift und in der Mitte mit einer Vorrichtung versehen ist, mittelst der sie verkürzt und verlängert werden kann. Ein seitlich angebrachtes Schienenblatt, welches an derselben Stelle wie die Hohlschiene und zwar nach unten stark ausgeschweift ist, so dass sie die Verbandmanipulationen nicht hindert, dient sowohl zur Befestigung der Hauptschiene, als auch zur Anbringung von Eisblasen u. s. w. und endlich zur Abhaltung der Bettdecke. Ein verschiebbares Fussbrett vervollständigt den Apparat.

9. Die Fracturen
behandelt man fast durchgängig mit einfachen Schienenverbänden; die bei uns gebräuchlichen Verbände habe ich nirgends gesehen.

10. Resultate der grösseren Operationen.

Zur Abrundung des Bildes, welches ich von der Chirurgie zu machen unternommen habe, will ich noch einzelne statistische Angaben über die Resultate derselben hinzufügen, die ich einer Zusammenstellung von Topinard entlehne:

1. Operationen der Hernia inguinalis, in 1½ Jahr operirt:
175 Fälle, davon 79 todt oder 45 %.
(Malgaigne giebt für Paris 60 % an.)
2. Gelenkresectionen in, 2½ Jahren gemacht:
69, davon 13 todt oder 18,8 %.
3. Amputationes mamae, in 1½ Jahr gemacht:
113, davon 7 todt oder 6,19 %.
4. Exstirpationen gutartiger Geschwülste, in 3½ Jahren gemacht:
361, todt 11 oder 3,04 %.

5. Amputationen, vom Januar 1854 bis Juli 1857 in sämmtlichen Hospitälern gemacht:
555, todt 152 oder 27,56 %.
(Für Paris nach Malgaigne 62 %.)
Im Guys-Hospital: 300, davon todt 25 %.
University-College: 174, todt 41, also 23,5 %.
Hospital St. Georges: 107, todt 32, also 30 %.
Amputationen der oberen Gliedmassen:
142, todt 29 oder 20,42 % (à Paris 41,17 %).
Amputationen der unteren Gliedmassen:
401, todt 131 oder 32,64 % (à Paris 60 %).
Die einzelnen Amputationen nach traumatischen Verletzungen oder pathologischen Vorgängen:

London	traumatisch			pathologisch		
Amp. d. Oberschenkels:	67, todt 40 od. 60 %.			203, todt 43 od. 21 %.		
„ „ Unterschenkels:	55, „	26 „	47 „	69, „	18 „	26 „
„ „ Oberarms:	45, „	10 „	22 „	19, „	8 „	40 „
„ „ Unterarms:	47, „	9 „	19 „	26, „	2 „	8 „
Total:	214, todt 85 od. 39,7 %.			317, todt 71 od. 22 %.		

Vergleicht man damit die Angaben Malgaigne's über

Paris:	traumatisch			pathologisch		
Amp. d. Obersch.:	46, todt 34 od. 75 %.			153, todt 92 od. 60 %		
„ „ Untersch.:	79, „	50 „	63 „	112, „	55 „	50 „
„ „ Oberarms:	30, „	17 „	56,6 „	61, „	24 „	40 „
„ „ Unterarms:	11, „	3 „	27 „	17, „	5 „	29 „
Total:	166, todt 104 od. 62,5 %.			343, todt 176 od. 51 %.		

Nach den Todesursachen geordnet von 160 Amputirten:

	Ob. Extr.	Unt. Extr.	Total
Pyämie	9 Todte	46 Todte	52.
Collapsus nach der Operation	6 „	22 „	28.
Collapsus später	8 „	37 „	45.
Gangraena traumatic	1 „	6 „	7.
Hämorrhag. sec.	— „	6 „	6.
Tetanus	— „	3 „	3.
Erysipelas	— „	1 „	1.
Delirium tremens	1 „	— „	1.
Gangrän	1 „	— „	1.
Pneumonie	— „	2 „	2.
Schwindsucht	1 „	1 „	2.
Aus unbekannter Ursache	2 „	10 „	12.
	29 Todte.	131 Todte.	Total 160.

11. Das Regimen der Operirten. Je mehr man die Heilung von Wunden der Vis medicatrix naturae in England überlässt, desto eifriger ist man bedacht, die Kräfte des Patienten zu unterhalten und eine Erschöpfung zu verhüten. Man giebt bei guter Zeit ein kräftiges Bier und eine nahrhafte, leicht verdauliche, gut zubereitete Diät. Der Appetit des Kranken und sein Allgemeinzustand sind dabei bestimmend. Nach grossen Verletzungen und bei kräftigen Individuen giebt man die ersten Tage nur Bouillon und flüssige Kost, in den folgenden Tagen aber — und bei schwächlichen und erschöpften Patienten — von vornherein die nahrhaftesten und selbst erregendsten Stoffe in reicher Fülle.

B. Die französische Chirurgie.

Paris bietet vielfache Gelegenheit, den Stand der französischen Chirurgie kennen zu lernen. Zuvörderst hört man in der Académie de chirurgie, zu der indessen fast nur die jüngeren Chirurgen gehören, in frischer und fesselnder Debatte die Ansichten der modernen Chirurgie über die brennendsten Tagesfragen. Dann werden auch in der Académie de médecine chirurgische Gegenstände behandelt und hier begegnen wir fast ausschliesslich den bedeutendsten Vertretern der alten klassischen französischen Chirurgie. Will man aber die einzelne Persönlichkeit näher studiren, so folgt man den Visiten und Kliniken in den Hospitälern.

A. Die chirurgischen Visiten.

Der Zutritt zu denselben ist überall mit der anerkennenswerthesten Liberalität gestattet. Die Visiten beginnen im Winter um 8 Uhr mit grosser Pünktlichkeit und sind um 10 Uhr beendet. Der ordinirende Arzt wird dabei von 1—2 Internes, von mehreren Externes und einem Pharmaceuten begleitet. Dazu gesellen sich dann die Studirenden und Fremden. Das ganze ärztliche und pharmaceutische Personal trägt lange, bis zum Halse reichende weisse Schürzen, die mit grossen Taschen zur Aufnahme von Instrumenten und Verbandmitteln versehen sind. Die Tasche von Chassaignac zeichnet sich besonders durch die breiteste Grundlage aus und es ist wirklich erstaunlich, was er mit der Zeit daraus hervorholt. Das ärztliche Personal hat die Köpfe fast durchgehends mit Hüten oder mit kleinen Mützen bedeckt und bewegt sich mit einer unbe-

schreiblichen Nonchalance bei der Visite. Ein Theil geht laut
redend im Saale spazieren, ein anderer scherzt mit jungen
Patientinnen, wieder ein anderer treibt noch gröbere Spässe,
z. B. sahen wir bei Velpeau, wie mehrere Studenten einen
etwas wohlbeleibten Commilitonen in einen Waschkorb setzten
und unter der darin befindlichen Wäsche begruben. Die Visiten
werden meist schnell gemacht, leichtere Fälle, ob alt oder neu
zugegangen, wenig beachtet, die schwereren aber sorgfältig
untersucht Die Internes berichten Anamnese und Verlauf. Nur
die wichtigsten Verbände legt der Chefarzt selbst an, die anderen besorgen die Externes. Maisonneuve indessen macht
Alles selbst. Bei den frischen Wunden versucht man im Allgemeinen selten die prima intentio. Man fürchtet durch dieselbe verschiedene Uebelstände. 1) Wenn es, wie gar selten, zum völligen Verschluss der Wunde komme, so entwickele sich leicht
eine Entzündung in der Tiefe, der Eiter sammele sich an, un-
terminire die benachbarten Theile und richte durch Senkungen
grossen Schaden an. 2) Käme es zur partiellen Vereinigung,
so bildeten sich zwischen den Wundrändern unregelmässige,
buchtige, durch Adhäsionen unterbrochene Räume, aus denen
das Wundsekret nur beschwerlich abflösse. 3) Hinderten die
zur Erzielung der prima intentio angewendeten Mittel die nöthige
Schwellung der betroffenen Theile und bewirkten eine schmerz-
hafte Zerrung, eine überaus lebhafte lokale und allgemeine
Reaction. Pelletan hat ihr ausserdem den Vorwurf gemacht,
dass sie secundäre innere und äussere Blutungen begünstige. Die
traurige Beschaffenheit der französischen Spitäler, in denen
Rosen und Phlebitis, Hospitalbrand und Diphtheritis die Reihen
der Kranken in unerhörter Weise lichten, mag wohl zu dieser
Praxis geführt haben; denn selbst die bewährtesten Chirurgen,
wie Nélaton, behaupten, man dürfe in den Hospitälern von
Paris die prima intentio nur ausnahmsweise versuchen. Wenn
er es thut, wie bei plastischen Operationen, so legt er die
Nähte mit Eisendraht und sehr eng an. Im Allgemeinen füllt
man frische Wunden gleich mit Charpie aus. Man benutzt
meist krause Charpie; die zierlichen Figuren, welche von den
französischen Chirurgen Form und Namen erhalten haben, findet
man nirgends mehr in Paris. Dabei geht man ziemlich verschwenderisch mit dem Material um. Von der äusserst feinen
weissen Charpie werden grosse Ballen zum Auftauchen von

Flüssigkeiten und zum Reinigen von Wunden benutzt und ganze Berge auf Wunden und Geschwüre gethürmt. Die meisten Chirurgen bedecken, ehe sie die Charpie auflegen, die Wunde mit gefensterter Leinwand, welche mit einem aus vielem Fett und wenig gelbem Wachs bestehenden Cerat reichlich bestrichen ist. Hierdurch erzielt man den nicht unbedeutenden Vortheil, dass man, ohne dem Kranken wesentliche Schmerzen zu machen, den ganzen Verband auf einmal schnell und leicht entfernen kann und das sonst immer nöthige Aufweichen der angetrockneten Charpie erspart, da die fette Leinwand nirgends ein Ankleben der Letzteren gestattet. Durch die sehr zierlichen Löcher der Leinwand hat der Eiter freien Abfluss und wird von der darüber liegenden Charpie aufgesogen. Maisonneuve bedient sich dieser Leinwandstreifen sehr selten, er wendet dafür das Glycerin an, welches in einem grossen Becken stets in reicher Menge von einem Infirmier getragen wird. Er nimmt eine Hand voll Charpie oder ein grosses, zusammengefaltetes leinenes Tuch, taucht sie in das Glycerin ein und bringt diese Masse dann in einem kühnen Bogenwurfe auf die Wunde, dass man es weithin klatschen hört. Wie unvorsichtig man mit diesem Verbandmittel in Paris umgeht, lehrte uns die tägliche Erfahrung, dass man Charpie, welche die oberste Schicht eines Verbandes gebildet hatte und welche daher nicht auffallend durchnässt war, noch einmal gebrauchte. Die verdorbene Charpie wird in einen grossen Korb gethan, der oft den ganzen Morgen im Krankensaale stehen bleibt. Daher denn der eigenthümlich unangenehme Geruch der chirurgischen Säle und ihre grosse Insalubrität. Ebenso verschwenderisch als mit der Charpie wird mit den feinen weissen Compressen umgegangen. Heftpflaster werden wenig gebraucht, bei Maisonneuve gar nicht, dafür um so häufiger Binden. Am Kopfe wird das dreieckige Tuch, am Rumpf Compressen, die Scapulär-, T- und doppelte T-Binde, an den Extremitäten die einfache Binde in Anwendung gezogen. — In weiter Verbreitung herrscht der Breiumschlag in den Pariser Hospitälern. Man wendet ihn weicher und heisser an, als bei uns. Seine Indicationen sind äusserst mannichfaltig, Malgaigne gebrauchte ihn sogar bei frischen Fracturen. — Von den übrigen äusseren Mitteln erfreuen sich die Vesicantien eines grossen Rufes — von dem einfachsten bis zur Moxe und dem Glüheisen.

Velpeau eröffnet fast keinen Abscess mehr mit dem Messer, das Vesicans muss ihn reifen und eröffnen, Chassaignac benutzt dazu seine Drainage. — Unter den ätzenden Mitteln liebt Velpeau die Schwefelsäure mit Crocus, Maisonneuve die rauchende Salzsäure, Chassaignac die concentrirte Schwefelsäure. Bei Maisonneuve, der gerade den Hospitalbrand in den bösartigsten Formen zu bekämpfen hatte, sahen wir fast täglich die unbarmherzigsten und tiefsten Aetzungen mit Salzsäure und Salpetersäure. In leichteren Fällen begnügte er sich mit Auflegen der Pâte echarotorique de chlorure de zinc (1 Theil Clorzink auf 2 Theile farine de froment). Dieselbe wird in die Wunde gelegt und einfach durch Charpie festgedrückt. Nélaton ist kein Freund der Kaustika, weil er danach so häufig das in seiner Klinik fast nie erlöschende bösartige Erysipelas auftreten sah. — Salben- und Pflaster-Verbände sind in Paris sehr vielfach gebraucht. Nélaton indessen wendet auch sie nicht an, weil er alle Reize auf Wunden und Geschwüre vermeiden muss. — Von dem antiphlogistischen Heilapparate macht man eine sehr beschränkte Anwendung. Die Kälte wird nur bei Kopfverletzungen mit Eis in Kautschukblasen sehr energisch gebraucht, nach den grösseren Amputationen begnügt man sich meist mit kalten Umschlägen. Den Aderlass, den Bouillaud noch heute bei entzündlichen Leiden coup sur coup anwendet, habe ich von Chirurgen höchst selten verordnen gehört. Bei akuten Gelenkentzündungen begnügt man sich stets mit örtlichen Blutentziehungen und mit einem Contentiv-Verbande, der das erkrankte Glied in völliger Ruhe erhält. In chronischen Fällen braucht Chassaignac Vesicantien, Jobert das Glüheisen, Maisonneuve Jodkali innerlich — fast Alle aber örtlich Breiumschläge. — Die Anchylosen gewaltsam zu strecken, hält man fast durchgehends für zu gefährlich. In einer Debatte der societé chirurgicale sprach man sich fast einstimmig für eine langsame Gradstreckung durch Maschinen aus und Chassaignac, der sonst durch kein Ereigniss bei Operationen erschreckt wird, sahen wir äusserst verlegen werden, als bei einer allmäligen Gradstrekkung ein starkes Zerreissen der Adhäsionen hörbar wurde. — Bei Verstauchungen kommen Blutegel, Cataplasmen und nach einiger Zeit Contentiv-Verbände in Anwendung. Erysipelen sucht man durch Emetica (Velpeau), Nitras argenti (Jobert),

Collodium (Maisonneuve), Emplastrum de Vigo (Nélaton), éther camphoré (Trousscau — 2 Theile Aether 1 Theil Campher gemischt und alle 5 – 6 St. mit einem Charpie-Pinsel aufgetragen) zu begegnen. Sind sie ausgebrochen, so bedeckt man den locus affectus mit Watte. — Die Fracturen werden meist erst nach einer mehrtägigen antiphlogistischen Behandlung verbunden. Maisonneuve wendet den Gyps, Jobert die Drahthosen, Velpeau kurze Schienen, Chassaignac den Seutin'schen Verband mit Vorliebe an. Bei Rippenbrüchen sieht man noch vielfach einen Cuirass von festen Binden um den Thorax legen, obwohl die aufgeklärteren Chirurgen sehr dagegen kämpfen. Nélaton erzählte uns, dass selbst der Physiologe Claude Bernard, als er die Rippen gebrochen, ihn inständigst um Anlegung eines Cuirasses gebeten und erst, als er sich durch denselben wesentlich genirt und beschwert gefühlt, in die Entfernung desselben gewilligt habe. — Luxationen werden meistens in der Narcose reducirt und zwar mittelst des Flaschenzuges; der reponirte Gelenkkopf wird dann durch Binden möglichst unbeweglich gestellt. Man versucht indessen meist schon in den ersten 14 Tagen passive Bewegungen, um einer Anchylose vorzubeugen. Die nach Luxatio humeri oft zurückbleibende Parese des Armes behandelt Malgaigne mit Cataplasmen. Bei veralteten Luxationen räth Nélaton zur Resection. — Auf die innere Behandlung chirurgischer Fälle verwendet man grosse Sorgfalt und wenn von der Länge der Recepte die Erfolge des Arztes abhingen, so müssten die der französischen Chirurgen sehr glänzende sein. Velpeau suchte in der Akademie die Anklage Le Forts, dass die französischen Chirurgen sehr messerscheu seien und lieber die Patienten sterben liessen, als sie schweren Operationen unterzögen, dadurch zurückzuweisen, dass er behauptete, in Frankreich wären weniger Operationen nöthig, als in England und Deutschland, weil die französischen Chirurgen zugleich sehr tüchtige innere Aerzte wären. Man giebt indessen Nitrum, Opium, Purgantia salina, Jod, China ganz wie bei uns, nur in etwas complicirteren Verordnungen. Bei Pyämie giebt man Chinin oder Säuren und eine gute nährende Diät. — Ist die Visite beendet, so geht es in die Amphithéâtres, und

B. die chirurgischen Kliniken beginnen. Die Amphithéâtres sind meist ziemlich kleine Räume, die ihr Licht von oben bekommen. Der Professor sitzt unten, dicht umringt von Fremden und den Internes und Externes, die Zuhörer auf kleinen eng gestellten Bänken. Jedermann hat den Kopf bedeckt. Die Operationen werden auf den einfachsten Tischen verrichtet. Im Ganzen genommen werden indessen sehr wenig grosse Operationen in Paris vollzogen. Bei den traurigen Resultaten, welche die französischen Hospitäler nach Operationen geben, sucht man letzteren auf alle Weise aus dem Wege zu gehen und verrichtet sie nur in dringendsten Fällen. Die jüngeren Chirurgen machen indessen auch hier wieder eine Ausnahme, sie operiren oft ohne Grund und einem Instrumente oder Lieblingsverfahren zu Gefallen. Vor der Operation kommt ein längerer Vortrag über den betreffenden Fall. Letzteren verstehen die Chirurgen fein aufzubauen, sie überraschen durch geistreiche Wendungen, sprühenden Witz und fesseln durch die gewählte Sprache voll poetischer Schönheit und Fülle. Der tiefste Ernst und der frischeste Humor finden sich darin im angenehmsten Wechsel. Und dem schönen Worte entspricht des Redners bewegte Geberde, seine lebhafte Gestikulation und der volltönende Vortrag. Die hervorragendste Persönlichkeit ist ohne Zweifel Nélaton. In seinem Wesen findet man ein starkes Selbstgefühl mit anspruchsloser Bescheidenheit, deutsche Gründlichkeit mit französischer Eleganz zur schönsten Harmonie vereint. Er handelt ruhig, massvoll, besonnen und mit grösster technischer Vollendung und seine Vorträge sind klar, stark gegliedert, knapp in der Form, erschöpfend in der Sache und reich an goldenen Lehren. Velpeau — an der Charité — lebt wie ein Vater unter seinen Schülern und treibt mit ihnen die harmlosesten Scherze. Er operirt äusserst selten, sehr ruhig und einfach und seine meist propädeutischen Vorträge sind zwar etwas breit angelegt und altersschwach in den Anschauungen, doch klar, schlicht und lehrreich. — Einer allgemeinen Beliebtheit erfreut sich Malgaigne — an der Charité — und seine Vorlesung über Akiurgie ist das besuchteste Collegium, dessen ich mich überhaupt erinnere. Er ist ein feiner kritischer Kopf, hat einen pikanten Witz und eine klassische Beredtsamkeit. Bouillaud nannte ihn desshalb den Cicero der Akademie und in allen Kliniken hört man sententiös kurze, geistreich-treffende Aussprüche von ihm citiren. — Wesentlich von diesen verschieden sind Jobert, Maisonneuve, Chassaignac. An ihnen ist jeder Zoll ein Franzose. Erfinderisch, gewandt, kühn bis zur Verachtung des Menschenlebens, schonungslos hart gegen die Kranken, begeistert für ein einzelnes Operationsverfahren, feine Dialektiker, doch etwas selbstgefällig und flüchtig — das ist so ungefähr der Eindruck, den wir von ihnen bekamen. — Mit plastischen Operationen und Resectionen beschäftigt sich eigentlich nur Nélaton. Er wäre kein Freund von der Kunst, sagte Maisonneuve, welche darin ihre Aufgabe suche, den Leuten Kartoffeln ins Gesicht zu pflanzen, anstatt dem Kranken einfach eine hübsche Nase bei Charrière machen zu lassen. Man mache heut zu Tage viel Geschrei von der Staphylorrhaphie und es habe sich daraus ein Prioritätsstreit zwischen Frankreich und Deutschland entwickelt. Er müsse gestehen, dass diess eine ganz werthlose Operation sei. Denn erstens gelänge sie in den seltensten Fällen und zweitens, wenn sie gelänge, so nütze sie dem Kranken nichts weiter, als dass sie ihm das Bewusstsein gebe: du hast einen ganzen Gaumen. Denn das lästigste Symptom, die schlechte Sprache, würde nie dadurch beseitigt. — Von dem vielen Neuen, was ich in den Kliniken gehört und gesehen, möchte ich mir erlauben, Einiges in der Kürze mitzutheilen.

1. Die chirurgische Behandlung des Croups.

Croup-Fälle sieht man in Paris ziemlich häufig. Noch vor 10 bis 20 Jahren war es ein Ereigniss, wenn eine Croup-Operation in den Kinder-Spitälern zu machen war und jetzt werden in den clinischen Anstalten von Paris wöchentlich einige gemacht. Von den Operirten wird etwa der vierte Theil gerettet. Es ist in der neuesten Zeit durch Bouchut, den berühmten Chirurgen des St. Eugénie-Spitals, eine heftige Reaction gegen die Operationswuth beim Croup eingeleitet. Die ziemlich allgemein angenommenen Maximen der Behandlung sind folgende: 1) Zuvörderst versucht man Emetica und zwar den Tart. stib., je nach dem Alter zu 3—5 gr. ad ℥iv st. 1 Kaffeelöffel voll. Diess Mittel wird mehrere Tage gebraucht. Dabei wird die Canterisation der im Hintergrunde des Pharynx zugänglichen Pseudomenbranen mit einer mässig gesättigten Lösung des Silbersalpeters, auch wohl das Herabstossen derselben durch elastische Bougies ausgeführt. 2) Frühzeitige Tracheotomie nur da, wo man auf anderweitige energische Eingriffe kein Vertrauen setzen kann. Letzteres aber ist gerechtfertigt a) bei sehr schwachen Kindern, die eine erschöpfende Behandlung mit Brechmitteln nicht aushalten würden; b) in Fällen, wo schon mehrere Kinder derselben Familie am Croup gestorben sind; c) wenn trotz der inneren Behandlung die Symptome schnell bedenklicher werden. Für Trousseau genügt indessen der blosse Nachweis der Pseudomembranen im Sputum zur Rechtfertigung der Tracheotomie. Auch das Publikum in Paris hat grosses Vertrauen zu dieser Operation und die Bedenken des alten Goelis: „ad tracheotomiam, omnium remedium incertissimum confugere, res ardua est; parentes abhorrent, avertantur agnati et periclitatur medici fama, quem, infausta si fuerit operatio ac votis illudens, lacrymis multis velut homicidam prolis amatae detestantur parentes" finden wenigstens auf die Eltern croupkranker Kinder in Paris keine Anwendung. Ich habe selbst gehört, wie Mütter, welche Kinder am Croup verloren hatten, bei neuen Erkrankungsfällen in der Familie flehentlich um die Ausführung der Tracheotomie baten. Man macht die Operation wie bei uns durch schichtenweises Einschneiden mit sorgfältiger Vermeidung von Gefässen, bis die Trachea bloss liegt. Dann fasst man dieselbe mit scharfen Haken und schneidet dazwischen ein. In der neuesten Zeit hat Maissonneuve ein vereinfachtes Operationsverfahren angegeben, welches ich aber noch nicht habe ausführen sehen. Er hat nämlich ein Tracheotom erfunden, welches die Gestalt einer krummen Nadel hat, die auf ihrer Concavität schneidet und vorn mit einer dreieckigen, scharfen Spitze versehen ist. Durch einen Regulator wird die Grenze bestimmt, wie weit es eindringen soll. Dieses nadelförmige Tracheotom kann entweder auf einen festen Stiel geschroben werden (Trachéotome à manche fixe) oder auf eine einfache Vorrichtung zur Auseinanderhaltung der durchschnittenen Trachea (Trachéotome dilatateur). Er lagert nun den Kranken wie gewöhnlich bei der Tracheotomie, sucht sich mit dem linken Zeigefinger das Ligamentum cricothyreoideum auf und sticht langsam in der Mitte desselben, das nadelförmige Tracheotom perpendikulär durch die Haut und Weichtheile ein. Das deutliche Gefühl eines überwundenen Widerstandes zeigt, dass das Instrument in den Larynx eingedrungen ist, während der Regulator ein zu tiefes Eindringen verhindert. Nun dreht man die bis dahin perpendikulär stehende Spitze des Instruments nach dem Sternum hin und schiebt, während der Regulator in immerwährender Berührung mit den durchbohrten Theilen langsam zurückgezogen wird, das Instrument ganz in den Kehlkopf hinein. Dann durchstösst man, während die linke Hand die Haut über der Trachea spannt, mit der Spitze wider die Wandungen von innen nach aussen und schneidet dann das zwischen dem Ein- und Ausstich der Nadel befindliche Stück des Kehlkopfs und der darüber liegenden Weichtheile mit einem Zuge von unten nach oben durch. Darauf führt man mit der linken Hand den Dilatator ein, zieht das Tracheotom heraus und benutzt die nun freigewordene rechte Hand zur Einbringung der Canüle. Das ganze Verfahren scheint einfach, schnell ausführbar und sinnig erdacht, doch muss dasselbe, ebenso wie das Instrument, noch vereinfacht werden, weil zu grosse Uebung zur richtigen Ausführung erforderlich ist. Bei der Nachbehandlung sucht man die Kräfte des Kindes bestmöglichst zu erhalten, wesshalb auch Trousseau Liquor ferri sesquichlorati innerlich giebt. Man isolirt die Kinder so gut als möglich, weil man den Croup für contagiös hält. Vier Pariser Aerzte (unter ihnen Valleix und Gilette) haben sich an croupkranken Kindern inficirt und sind gestorben. Auch hat Roger durch genaue Statistik diese Lehre ausser Zweifel gesetzt und Pergeron und Lee wollen mit Erfolg den Croup inoculirt haben.

2. Die Radicaloperation der Hydrocele.

Velpeau und Nélaton lehren und üben die Punction mit nachfolgender Injection von Jodtinctur. Sie legen grosses Gewicht darauf, dass man vor der Operation die Lage des Hodens durch die Transparenz genau ermittele. Man müsse dabei die Lichtstrahlen senkrecht auffallen lassen und die Scrotalhaut durch Anspannung verdünnen. Die Strahlenberechnung des Wassers lässt den Schatten des Hodens etwas tiefer erscheinen, so dass man nicht unmittelbar am Rande des Schattens einstechen darf. Zur Injection nehmen sie theils reine Jodtinctur, besonders bei verdickten Wänden des Hodens, theils mit Wasser verdünnte, wozu sie dann immer noch etwas Jodkali setzen — 5 Th. auf 100 Th. Tinctur. Maisonneuve hält diess Verfahren für zu langwierig und unzuverlässig. Man denke sich nur, sagt er, einen Chirurgen auf dem Lande, wo hat er gleich Jodtinctur oder eine gut gehende Spritze. Auch gehöre keine zu grosse Ungeschicklichkeit dazu, um einmal zu tief zu stechen. Ferner sei die Injection bei Hydrocele congenita durchaus nicht anwendbar, weil die ätzende Flüssigkeit sonst in die Bauchhöhle durch den offen stehenden Leistenkanal dringen und heftige Peritonitis erzeugen würde. Hat ihm nun auch in letzteren Fällen die Acupunctur vortreffliche Dienste geleistet, so glaubt er jetzt doch durch sein neues, einfaches Operationsverfahren, das man unter allen Umständen und an jedem Orte verwenden kann, dieselbe verdrängt zu haben. Er macht nämlich die Punction wie gewöhnlich, führt dann aber ein mit Argentum nitricum reichlich versehenes Stilet durch die Canüle ein und bestreicht mit demselben einige Zeit die Wandungen des Wasserbruches. Dann wird die Oeffnung geschlossen und die Operation ist vollendet. Das Stilet verfertigt er so: er erwärmt eine silberne Sonde mit der linken, einen Lapisstift mit der rechten Hand und bestreicht dann erstere recht reichlich mit dem letzteren. Nach diesem Verfahren will er stets den gewünschten Grad adhäsiver Entzündung haben eintreten sehen. Chassaignac dagegen sticht einen Troicart durch die Hydrocele und zieht seinen Alles vermögenden Drainagefaden durch dieselbe. Wir haben in zwei Fällen eine schnelle und sichere Heilung der Hydrocele durch dieses Verfahren gesehen. Doch darf die Röhre nicht länger als einige Stunden liegen bleiben, weil sonst übermässig starke Reaction eintritt.

3. Maisonneuve's Gypsverband.

M. hält das Verfahren mit eingegypsten Binden für zu umständlich und Zeit raubend. Und man muss diesem Chirurgen auf der Visite gefolgt sein und die Hast seiner Verbände, die Schnelligkeit seines Krankenexamens beobachtet haben, um die Schwere dieses Vorwurfes ermessen zu können. Zeit erspart, Alles erspart! ist sein Motto. Ferner wirft er der deutschen Art des Gypsverbandes vor, dass sie nicht für complicirte Fracturen passe. Er macht es daher so: es werden mehrere viereckige Tücher über einander gelegt und dann ganz in einen ziemlich dünnen Brei vom besten Gyps eingetaucht. Dann werden sie so zusammengefaltet, dass sie, um das Bein gelegt, dasselbe gerade — etwa wie eine Drahthose — umgeben, oder es wird aus jedem einzelnen Tuche eine Schiene gemacht, welche dann dicht aneinander um das gebrochene Glied in der Längsrichtung desselben gelegt werden. Bei complicirten Fracturen legt man die erste Art so an, dass die beiden Kanten sich gerade auf der äusseren Wunde treffen und man schneidet dann leicht an beiden Seiten so viel ab, um die Wunde frei zu legen; die zweite aber so, dass man einfach die Schiene, welche die Hautwunde decken würde, fortlässt. Eine vorherige Einwickelung des Gliedes mit einer Flanellbinde hält er für überflüssig. Doch wird über die feuchten Tücher zur Befestigung eine lose Binde angelegt.

4. Die Radicaloperation der Hernien.

Dieselbe wird in Frankreich noch vielfach geübt. Maisonneuve verwirft das von Jobert angegebene Verfahren der Blosslegung des Bruchsackes durch eine Incision und Injection von Jodtinctur in denselben, nach vorhergegangener sorgfältiger Reposition des vorliegenden Darmstücks und sorgfältiger Zuhaltung des Bauchrings. Er fürchtet nämlich dabei das Eindringen der reizenden Flüssigkeit in die Peritonäal-Höhle und will einige Male sehr bedenkliche Erscheinungen nach der sorgfältigsten Ausführung dieser Operation beobachtet haben. M. wendet daher auch hier sein Verfahren für die Radicaloperation der Hydrocele an. Er reponirt das Darmstück, durchsticht den Bruchsack mit einem Troicart und cauterisirt denselben dann mit dem oben beschriebenen Stilet. Ich habe dieses Verfahren noch nicht ausführen sehen, doch rühmt Maisonneuve die Leichtigkeit der Ausführung und die Sicherheit des Erfolges. Von Chassaignac dagegen habe ich ein Verfahren üben sehen, welches mir Anfangs äusserst gewagt erschien. Doch war der Erfolg ein günstiger. Er invaginirt nämlich ein Stück der Scrotalhaut in den Leistenkanal und befestigt dasselbe auf folgende Weise: es wird ein Troicart durch das invaginirte Hautstück, dem Verlaufe des canalis inguinalis folgend, so eingestossen, dass die Spitze desselben die äussere Haut gegenüber dem annulus internus durchbohrt. Dann wird durch die Canüle ein Faden gezogen und diese darauf entfernt. An die beiden Enden des Fadens werden zwei starke Cylinder von Heftpflaster so befestigt, dass das untere tief in den Canalis inguinalis hineingezogen, das invaginirte Stück von unten hineindrängt, während das obere, vor der

Ausstichsöffnung des Troicarts befestigt, das invaginirte Stück von oben fixirt. Bei ruhigem Verhalten und antiphlogistischem Regimen bleibt der Faden etwa 10—14 Tage liegen, bis man den genügenden Grad der lokalen adhäsiven Entzündung erreicht hat. So sahen wir den einen Operationsfall sehr günstig, ohne Schmerzen, ohne weitergreifende Entzündung verlaufen und Chassaignac berichtete viele gelungene Heilresultate. Er pflegt daher bei jungen Individuen ohne Bedenken zum operativen Eingriffe zu rathen. Wenn wir nicht irren, so übt Rothmund in München dasselbe Verfahren.

5. Die sogenannten unblutigen Operationen.

Die französischen Chirurgen scheuen bekanntlich Blutverluste bei Operationen über Alles. Zu ihrer Vermeidung hat man beständig neue Verfahren ersonnen. Chassaignac rühmt daher seinen Ecraseur für fast alle Operationen und es klingt fast märchenhaft, wenn wir berichten müssen, dass er selbst Oberschenkel abekrasirt. Doch haben wir es selbst gesehen. Die Operation dauert 1½ Stunde. Er fasst mit dem Ecraseur, den er durch die Canüle eines Troicarts einführt, kleine Partien der Weichtheile, bis er dieselben rund um den Knochen getrennt hat. Der Knochen wird durchsägt. Es erfüllte sich in diesem Falle die Vorhersage Chassaignac, dass kein Tropfen Blut fliessen sollte, nicht, vielmehr gab es eine tüchtige Blutung. Das alterirte indessen den kühnen Operateur in keiner Weise, er sagte uns: Messieurs, ilya beaucoup de sang! Vom Ecrasement der Hämorrhoidalknoten haben wir fort und fort recht gute Erfolge gesehen. Maisonneuve gebraucht in diesen Fällen seine Ligature extemporanée, welche theils mit einem starken, 1 Millimeter dicken Eisendrath, theils mit kräftigen Hanffäden angelegt wird. Sie soll Blutung und Pyämie verhindern. Doch giebt Maisonneuve selbst zu, dass sie nur die venösen Blutungen sicher bewältige, von den Arterien beherrsche sie nur jene der 3. und 4. Ordnung. Am Meisten empfiehlt er sie zur Abtragung gestielter Geschwülste, nicht gestielte räth er aber gestielt zu machen durch kreuzweis eingestochene Nadeln oder durch mehrere Ligaturen oder durch vorläufige Incision der Haut. Dann wendet er sie zur Operation der Mastdarmfisteln an. Bei einfachen Fisteln reicht die Ligatur selbst aus, bei complicirten indessen muss sie mit der Incision der Nebengänge verbunden werden. Auch zur Extirpation kleiner und grosser Polypen des Uterus sei sie das geeignetste Verfahren. Diess mag genügen, um die Einseitigkeit der einzelnen Eingriffe zu charakterisiren.

6. Maisonneuve's Verfahren bei Stricturen.

Die Behandlung der Krankheiten der Harnwege bildet einen Glanzpunkt in der französischen Chirurgie. Nach Civiale beschäftigt sich Maisonneuve am Meisten mit ihnen. Er hat darüber eigene Anschauungen und eine vielfach von der gewöhnlichen abweichende Praxis. Er warnt zuvörderst dringend vor der geringsten Verletzung der Harnröhre. Ein Tropfen Blut, der nach dem Catheterismus fliesse, könne die bedenklichsten Symptome hervorrufen. Der Harn nämlich sei ein eigenthümliches Gift und stehe in der Mitte zwischen den Giften im gewöhnlichen Sinne (pflanzlichen und mineralischen) und den eigentlich thierischen. Den ersteren nähere er sich im normalen Zustande, denn es müsse, wie bei jenen, eine grössere Menge normalen Harns in den Blutstrom gelangen, wenn Vergiftungssymptome auftreten sollten. Ferner vermehre er sich, wie jene, auch nicht weiter im Organismus, sondern man beobachte, nach Ausscheidung der in den Körper vorgedrungenen Menge dieses Giftes, auch das völlige Schwinden der durch dasselbe hervorgebrachten Symptome. Der zersetzte, chemisch veränderte Harn dagegen sei zu den specifisch thierischen Giften zu rechnen. Wie eine geringe Menge des eingedrungenen syphilitischen Giftes schliesslich den ganzen Organismus inficire, so reiche auch eine kleine Portion zersetzten Harnes hin, um die stürmischsten Erscheinungen hervorzurufen. Denn das Harngift werde in den Säften vermehrt und reproducirt, doch bei Weitem nicht in der Ausdehnung und Stärke, wie die übrigen thierischen Gifte. Während also schon eine bedeutende Harninfiltration dazu gehöre, um bei normaler Beschaffenheit des Harns bedenkliche Symptome im Organismus hervorzubringen, genüge eine kleine Menge zersetzten Harns zur Erzeugung der schwersten Erscheinungen. Diese Beobachtungen lehrten, wie vorsichtig man bei alten Stricturen und Blasenleiden, die fast immer mit Zersetzungen des Harns verbunden seien, mit der Einführung des Catheters sein müsse. Das Harngift unterscheide sich durch die Art seiner Wirkung auf den Organismus und durch seine Resorbirbarkeit sehr wesentlich von den andern thierischen Giften. Was die erstere betreffe, so sei die Harninfection immer noch die günstigste und practisch zugänglichste. Wenn nämlich ein thierisches Gift in die Säftemasse gelange, so suche die Heilkraft der Natur dasselbe auf alle Weise daraus zu entfernen. Dazu genügten aber die normalen Se- und Exkretionsorgane nicht. Auch andere Gebilde würden zur Entlastung des Blutes in Anspruch genommen und es komme nur auf die Dignität dieser Gebilde für die Gesammtöconomie und auf die Art ihres Ergriffenseins an. Während nun das Eitergift von der Natur tief in das Parenchym der wichtigsten sekretorischen Organe abgelagert und daher der unabwendbare Untergang der Kranken bedingt werde, so würden zur Ausscheidung des Harngiftes die serösen Umhüllungen der Organe allein benutzt. Würden nun die serösen Häute von geringerer Bedeutung von diesen reaktiven Entzündungen befallen oder gelänge es der Kunst, die gefährlichsten Symptome mit Erfolg zu bekämpfen, so könnte man die Kranken retten. Während daher bei der Eitervergiftung die Gefahr durch das Endstadium, durch die Eiterablagerung in das Parenchym der Organe bedingt würde, so läge sie bei der Harninfection in dem ersten Stadium, in dem heftigen Entzündungsturme. Was die Resorbirbarkeit betreffe, so stehe der Harn in der Mitte von den thierischen Giften. Durch die unverletzte Haut könnten die thierischen Gifte nicht dringen, doch genügte bei den meisten eine leichte Hauterosion zur Resorption derselben. Der Eiter dagegen müsse direct in die Venen gelangen, wenn er aufgenommen werden solle, die Haut und das Unterhautzellgewebe vermöchten ihn nicht zu resorbiren. Zur Aufsaugung des Urins gehöre eine Erosion und ein starker Druck. So sähen wir bei Stricturen z. E. oft wiederholte Fieberanfälle eintreten, welche offenbare Folgen der Harninfiltrationen und Harnvergiftung wären. Da fände man denn hinter der Strictur leichte Erosionen der Schleimhaut, durch welche der Urin, welcher unter einem doppelten Drucke, von hinten durch die Blase, von vorn durch die Strictur geübt, stehe, aufgesogen werde. Diess mag genügen, um den theoretischen Standpunkt Maisonneuve's, welcher jedenfalls nicht aus Virchow's Arbeiten gewonnen ist, zu charakterisiren. Er hat nun beim Studium der Anatomie der normalen Harnröhre gefunden, dass, was Gély zuerst beschrieben habe, die obere Wand der Harnröhre unter dem Arcus pubis in ununterbrochener Windung verlaufe, während die untere zwei taschenförmige Einknickungen zeige. Wenn man nun mit einem Catheter, der die bisher gewöhnliche Biegung habe, in die Harnröhre dringe, so könne man sich leicht mit der Spitze desselben in diesen Einknickungen verfangen. Er räth daher, den Cathetern und Sonden völlig die Biegung und Form der oberen Wand der Harnröhre zu geben. Dann gleite man beim Catheterisiren immer an der oberen Wand der Harnröhre hin und über die beiden Einknickungen leicht hinweg. Die Stricturen behandelt er nur bei geringeren Graden mit Einführung von Bougies, bei höheren Graden aber führt er die subcutane Incision derselben mit einem eigens dazu erfundenen Instrumente aus. Er hat sich nämlich durch Experimente an Leichen überzeugt, dass ein schneidendes Instrument ohne Gefahr der Verletzung in die Harnröhre eingeführt werden könne, wenn dasselbe nur das nöthige Maass an Grösse nicht überschreite. Sein Uréthrotome besteht nun aus drei Theilen: 1) einer dünnen Sonde de zinc, welche die Form der Maisonneuveschen Catheter hat und unten mit einer durch zwei hervorspringende Leisten zur Hälfte gedeckten Rinne versehen ist; 2) aus einem dünnen Guttapercha-Bougie, welches durch eine einfache Schraubenvorrichtung an der Spitze dieser Sonde befestigt werden kann; 3) aus einer Zinksonde, welche in die oben bezeichnete Rinne passt, und welche auf der Spitze eine Schneidevorrichtung trägt. Dieselbe hat die Form eines Dreiecks, etwa wie eine Aderlassfliete. Die Spitze desselben, der hintere Rand und ein Fünftel der obern Partie des vordern Randes sind rund und stumpf, wodurch die Gefahr der Verletzungen völlig beseitigt wird. Es wird nun zuvörderst das elastische Bougie eingeführt, dann an dasselbe die catheterförmige Zinksonde geschroben und auch unter der Leitung des elastischen Bougies eingeführt. Ist man nun in die Blase gekommen, so bringt man die armirte Zinksonde ein und durchschneidet bei ihrer Einführung die Widerstand leistenden Stricturen. Dann wird das Instrument entfernt und nach Maisonneuve und Sédillot eine Sonde à demeure eingeführt. Civiale und Caudemont rathen aber, dieselbe nur einige Stunden liegen zu lassen, sonst reize sie zu stark. Ein ähnliches Instrument hat Maisonneuve für die Strictura oesophagi angegeben. Die armirte Sonde ist hier zweischneidig.

Diese Idee scheint indessen viel unglücklicher zu sein als die der Durchschneidung der Harnröhrenstricturen.

7. **Nélaton's Verfahren bei Fissura ani.**

Nélaton stellte einen älteren Mann vor, der seit längerer Zeit an heftigen Schmerzen im After leidet, welche etwa ¼ Stunde nach der Defäcation beginnen und beinahe 6 Stunden in unerträglicher Intensität anhalten. Dieses Symptom sei charakteristisch für die Fissura ani, denn bei den leichten Ulcerationen, welche man bei Syphilitischen und Hämorrhoidariern zuweilen finde, sei die Defäcation selbst schmerzhaft, doch hörten die Schmerzen mit Vollendung derselben auf. Nélaton chloroformirt den Kranken, führt die beiden Zeigefinger in den Mastdarm ein und dehnt nun denselben in allmäliger Steigerung so lange aus, bis er das deutliche Gefühl des Einreissens der Schleimhaut und der fibermuskulären Gebilde desselben hat. Nach der Operation ist der Schmerz äusserst heftig, doch schwindet er bald, und in wenigen Tagen tritt völlige Beseitigung aller Beschwerden und in einigen Wochen gänzliche Heilung des qualvollen Leidens ein. Nélaton übt diess Verfahren seit etwa 12 Jahren und hat nur in 1—2 Fällen damit nicht ausgereicht.

8. **Die Resectionen vor der Academie de médecine.**

Die Ovariotomie und die Resectionen sind fast aus Frankreich verbannt. Nur Nélaton übt sie noch. Der Prosector an der Pariser medicinischen Facultät Dr. Le Fort hatte der Academie eine sorgsame Zusammenstellung der von englischen und deutschen Chirurgen nach Coxalgie und Schussverletzungen vorgenommenen Hüftgelenkresectionen überreicht und der Prof. Dr. Gosselin erstattete darüber einen edelgeformten inhaltreichen und scharf kritisirenden Bericht. Darüber entspann sich in den Sitzungen der Academie eine Debatte, bei der sich die grössten chirurgischen Notabilitäten betheiligten. Da diese Verhandlungen von Interesse sind, so erlaube ich mir, darüber eingehender zu berichten. Le Fort hatte seine Arbeit in zwei Abschnitte getheilt:

a. Die Resection des Hüftgelenks nach Coxalgie.

Es ist bekannt, dass diese Krankheit oft den Ausgang in Eiterung nimmt. Der grösste Theil solcher Patienten geht an der erschöpfenden Eiterung zu Grunde; der kleinere rettet nach einem langen Leiden und unsäglichen Schmerzen ein kümmerliches, armes Leben. Denn sie behalten ein steifes, entstelltes, unbrauchbares Bein zurück. Daher, meint Le Fort, müsse die Medecin mit Freuden ein Verfahren begrüssen, welches in den meisten Fällen diesen Kranken das Leben rette und ihnen fast immer ein brauchbares Glied erhalte. Und diese Operation sei die resectio colli femoris, sive cavitatis condyloideae, welche in Deutschland und England jetzt so erfolgreich ausgeführt werde, während die französischen Chirurgen die Hände in den Schooss legten. Dass diess Operationsverfahren der richtige Weg zur Heilung des besagten Uebels sei, scheint Le Fort schon daraus hervorzugehen, dass bei den seltenen Naturheilungen ein ähnlicher Vorgang beobachtet werde. Dann habe man einige Male gesehen, dass durch die Eiterung der nekrotische Gelenkkopf ausgestossen werde und diesen Weg brauche ja die Chirurgie nur nachzuahmen. Nachdem nun Le Fort den traurigen Verlauf der Coxalgia suppurativa ohne den operativen Eingriff sehr treffend geschildert hat, stellt er die Indicationen zur Operation genauer auf. 1) Sie sei unbedingt angezeigt, wenn Erschöpfung der Kranken durch die profuse Eiterung aus den Knochenabscessen drohe. Ist aber dieses Stadium ohne operative Eingriffe bereits vorübergegangen, so ist sie doch 2) dringend angezeigt in den Fällen, die mit spontaner Luxation verbunden sind, obgleich das Fehlen der Luxation bei dem Vorhandensein anderer Indicationen zur Resection keine Contraindication dieser Operation sei. Vielmehr citirt Le Fort 30 Fälle, in denen die Operateure den Gelenkkopf noch in der Pfanne gefunden haben. Findet man dann auch die Pfanne krank, was man ja nie vorher wissen kann, so resecirt man diese auch, und kann man Letzteres nicht vollständig, so kratzt man die kranken Stellen vorsichtig ab. Von 30 derartigen Operationen beider Knochen haben 15 einen guten Erfolg gehabt. 3) Indicirt die Stellung des Beines zum Rumpfe und zum anderen Gliede die Resection, und zwar ganz vorzüglich die Stellung in Flexion und Adduction. — Als Contraindicans der Resection stellt Le Fort auf: 1) Gleichzeitiges Befallensein mehrerer Knochen und Gelenke von cariöser Eiterung; 2) gleichzeitige Affectionen des Respirationsapparats, verursacht durch die scrophulöse Diathesis. — Er will die Operation beschränkt wissen auf die Fälle, wo sich das Allgemeinleiden noch allein auf die eitrige Hüftgelenkentzündung beschränkt.

Le Fort hat 85 Fälle von Resectionen im Hüftgelenke wegen Coxalgie zusammengestellt: 42 aus England, 37 aus Deutschland, 6 aus Amerika, 1 aus Frankreich (von Roux gemacht). Er schliesst davon 13 aus, weil sie ohne Angabe des Resultats mitgetheilt sind. Von den nun übrig bleibenden 72 Fällen hatten 42 guten Erfolg (also 58 von 100), 29 starben (also 40 von 100), 1 bekam ein Recidiv eitriger Knochenentzündung. Von den 42 Geheilten haben 27 ein sehr brauchbares Glied behalten, so dass sie ohne Krücken gehen konnten, meist genügte ein Stock und ein Schuh mit hohem Hacken. Einige von ihnen können meilenweit gehen, so machte der von Fergusson Operirte 6 Meilen zu Fusse ohne Ermüdung. — Gosselin vermisst in diesen Angaben eine genauere Schilderung des Ganges der Operirten und meint voraussetzen zu können, dass derselbe hinkend und unsicher gewesen sei, auch würden die Kranken gewiss oft fallen und in ihren Stellungen sehr genirt sein. Von den übrigen 15 Geheilten ist über den Gang nichts Genaueres berichtet, man weiss nur, dass sie nicht gestorben sind. Von den 29 Gestorbenen sind 21 an der Operation und ihren Folgen zu Grunde gegangen, 8 aber an Erkrankungen innerer Organe, welche unabhängig von der Operation waren. Nach dem Lebensalter der Patienten gestalten sich die Operationsresultate folgender Maassen:

1. im 5.—19. Jahre starben von 49 Operirten 17, also 2 von 6;
2. vom 20.—50. Jahre starben von 18 Operirten 7, also 2 von 5.

In 30 Fällen mussten der Gelenkkopf des Femur und die Pfanne resecirt werden. Von diesen würden 3 wegen Nichtangabe des Resultats auszuschliessen sein. Von den überbleibenden 27 sind 12 gestorben, 15 geheilt, also etwa 1 Todter auf 3 Operationen. Gosselin vermisst auch hier die nähere Beschreibung des Ganges der Operirten und glaubt nach den anatomischen Verhältnissen zur Annahme eines äusserst mangelhaften Gehvermögens der so Operirten berechtigt zu sein.

Nachdem Gosselin so die Hauptdata der Le Fort'schen Arbeit berichtet hat, geht er an die Kritik derselben. Zuvörderst bezweifelt er, ob die Operateure wohl bis in die kleinsten Details wahrheitsliebend gewesen seien. Dann sucht er nach den Gründen, welche die französischen Chirurgen von dieser Operation abgehalten hätten. Zuvörderst scheint ihm die Coxalgie in Frankreich weniger gefährlich als im Auslande zu sein, sei es nun, dass die Krankheit hier milder auftrete, sei es, dass die Unterschiede der Constitution des Befallenen oder die bessere Behandlung in Frankreich diese Thatsache bedinge. Um nun aber ein gerechtes Urtheil über die Resection zu haben, müsse man die Erfolge der nicht resecirten Fälle daneben stellen. Da aber die Commission sich hierüber genaue statistische Angaben nicht habe verschaffen können, so habe man sich mit den Fällen aus der Erinnerung der grössten französischen Chirurgen begnügen müssen. Diese müsse man zur besseren Beurtheilung in drei Klassen theilen.

1) Bei den Patienten in der Privatpraxis hätte man in Frankreich in den meisten Fällen die Heilung ohne grosse Entstellung auch ohne operative Eingriffe erzielt. Der Tod sei selten eingetreten. Der Berichterstatter allein kann sich fünf Fälle erinnern, wo nach langdauernder Eiterung und trotz hektischer Erscheinungen Heilung erzielt wurde: die Individuen hinken zwar, doch ist das Glied gestreckt und sie gehen ohne Krücken. Aehnliche Beobachtungen hätten alle Chirurgen der Akademie anzuführen.

2) Anders liege die Frage bei Patienten in den Kinderspitälern. Es sei zuvörderst sehr schwierig, die nöthigen Data hierüber zu bekommen, weil man in Frankreich, die wissenschaftliche Aufgabe der Hospitäler verkennend, die kranken Kinder in besonderen Spitälern behandele. Dadurch, dass die deutschen und englischen Hospitäler Erwachsene und Kinder vereinen, sei den Chirurgen und Aerzten zu vergleichenden Beobachtungen die beste Gelegenheit geboten. Nach den erbetenen Berichten nun von Bouvier, Guersant, Marjolin, Giraldés etc. starben in den Kinderspitälern, eine gute Zahl von Coxalgia suppurativa, andere heilten wieder mit Entstellungen verschiedenen Grades, doch nie von dem Umfange, wie sie Le Fort beschreibt. Es ist indessen bisher unmöglich, auch nur annähernd das Verhältniss der Heilungen zu den Todesfällen anzugeben, und daher auch nicht zu entscheiden, ob man die Nichtausführung der Resectionen, die bisher als Regel der Behandlung in den Kinderspitälern gilt, beklagen müsse.

3) Was nun die Patienten in den Hospitälern für Erwachsene betreffe, so sei die eitrige Hüftgelenkentzündung überhaupt ein seltenes Ereigniss in demselben. Die genaue Statistik fehle auch hier, doch entspreche die Erfahrung der bewährtesten Chirurgen ganz der traurigen Prognose Le Forts. Die wenigen beobachteten Fälle sind der erschöpfenden Eiterung oder der Lungenschwindsucht erlegen und es ist wahrscheinlich, dass die letztere Folge der langwierigen Eiterung oder des längern Verweilens in der ungesunden Luft der Hospitäler gewesen sei. Man habe sich aber bisher der Resectionen enthalten 1) weil man mit ihrem im Auslande erzielten Erfolge wohl nicht ganz vertraut gewesen wäre; 2) weil man glaube, eine erfolgreiche Behandlung gegen dieses Uebel in Frankreich zu üben, was in Deutschland und England nicht zu geschehen scheine. Es wird indessen aus dem kurzen Bericht über die innere und äussere Behandlung dieses Leides, welchen Gosselin giebt, bald einleuchtend, dass hierin die Franzosen vor anderen Nationen nichts voraus haben. 3) Gäbe es in Frankreich noch bestimmte Contraindicationen gegen diese Resectionen.

1) Die weit verbreitete tuberkulöse Diathese.

2) Der Einspruch und Widerwille der Eltern. Wenn nämlich der Chirurg pflichtgemäss den Eltern vor der Operation mittheile, dass die Operation nicht unbedingt das Leben des Kindes garantire, und dass, wenn sie wirklich Leben rettend wirke, das Kind doch hinkend bleiben und möglicher Weise für immer an die Krücken kommen würde, so würden in Frankreich die Eltern vor einer so traurigen Alternative erschreckt und die Operation durch ihren bestimmten Widerspruch unmöglich. Im Auslande scheinen die Eltern in diesem Punkte leichter zu sein, die französischen Chirurgen aber verschmähen es, zu einer Operation zu rathen, deren günstiger Ausgang immer noch wenig schmeichelhaft für die edle Kunst sei.

3) In den Hospitälern der Erwachsenen aber bildeten die traurigen Resultate, die man in Paris mit den grösseren Operationen erziele, die Hauptcontraindicans. Im Auslande möchten dieselben wohl besser sein.

Was soll man künftighin thun? Die Antwort ergiebt sich aus der obigen Auseinandersetzung. 1) Bei den Stadtkranken wird danach die Resection nur ausnahmsweise indicirt sein. 2) In den Kinderspitälern dagegen würde sich zwischen den bei der üblichen Behandlung heilenden Fällen, und denen, wo sich evidente Contraindikationen gegen die Operation geltend machen, eine bei Weitem geringere Anzahl von Fällen, als man im Auslande glaubt, finden, in denen man die Operation versuchen könnte: nämlich bei den Kranken, wo eine eiternde Knochenentzündung einen hektischen Zustand unterhält. Man müsse sich aber entschieden gegen die von Roux und Fock in Magdeburg aufgestellte Indication verwahren, dass man die Operation vornehmen solle, auch ohne vorhandene Eiterung zur Linderung von Schmerzen, zur Verbesserung einer schlechten Haltung, oder zur Abkürzung der langen Dauer der Krankheit, denn in diesen Fällen reiche es aus, wenn der Chirurg das erkrankte Glied unbeweglich stelle, oder wenn er die fehlerhafte Haltung künstlich verbessere. 3) Auch in den Hospitälern Erwachsener könnte man die Resection unter den von Le Fort aufgestellten Bedingungen versuchen, wenn keine Hospitalendemien vorhanden und die Lüftung der Krankensäle verbessert wäre.

b. **Die Resection des Hüftgelenks wegen Schussverletzungen.**

In den Fällen von Zersplitterung des obern Endes des Femur durch einen Schuss bleibt den Chirurgen eine dreifache Alternative: ruhiges Abwarten, Exartikulation oder Resection. Das erstere Verfahren führt, wie allgemein bekannt ist, fast immer zum Tode, das zweite ist ein höchst lebensgefährlicher Eingriff und lässt, wenn die Heilung wirklich gelingen sollte, eine traurige Verstümmelung, das dritte bietet auch grosse Gefahren, hinterlässt aber im Falle des Gelingens die geringste Verstümmelung. In allen Fällen ist der Tod wahrscheinlicher, als die Heilung; aber theoretisch betrachtet, erscheint nach dem Urtheile Le Forts und der bewährtesten Chirurgen die Resection noch das beste Verfahren. Leider fehlen die beweisenden Thatsachen, oder dieselben sind ungenügend, um die Frage endgültig zu entscheiden, ja es scheint sogar, dass die bisher bekannten Fälle mehr zu Gunsten der Exartikulation als der Resection sprechen. Denn wenn man alle Beobachtungen der Militärchirurgie zusammensucht, so findet man sechs Erfolge der Exartikulation im Hüftgelenk nach Schussverletzungen auf einen Erfolg der Resection desselben. Indessen könne man diese älteren Berichte von Larrey und Gyttrie (1810) wegen des mangelhaften Verfahrens und der unzureichenden Angaben über den Verlauf nicht als massgebend betrachten. Während des Krimmfeldzuges sind von französischen Aerzten 43 Exartikulationen im Hüftgelenk gemacht worden und sämmtliche Operirte sind gestorben. Die englischen Aerzte haben dagegen 6 Resectionen im Hüftgelenk gemacht und in einem Falle Heilung erzielt. Zu diesen sechs Fällen hat Le Fort noch fünf andere gesammelt, doch kommt auf diese 11 Fälle nur ein Resultat. So wenig ermuthigend diese Zahlen nun auch sind, so glaubt doch Le Fort zur Vornahme der Resection wegen Schussverletzungen des Hüftgelenks rathen zu müssen, weil sie wenigstens in einem Falle Erfolg gehabt und weil man nach den schönen Resultaten dieser Operation bei Coxalgia suppurativa schliessen könne, dass sie bei guter Ausführung auch nach Schussverletzungen bessere Resultate geben werde. — Ich habe nur eine Resection in Paris gesehen und zwar die resectio cubiti bei Nélaton. Er verfolgte dabei ein eigenthümliches, von ihm angegebenes Operationsverfahren. Es betraf der Fall ein Kind mit einer durch eine schlecht reponirte Luxation erzeugten Anchylosis cubiti. Er machte zuerst einen vertikalen Einschnitt an der äusseren Grenze des humerus entlang und endete denselben im Niveau des collum radii. In diesen untern Winkel führte er einen zweiten transversalen Schnitt; der so entstehende dreieckige Lappen wurde losgelöst und zurückgeschlagen, das Humero-radial-Gelenk eröffnet, der Kopf des radius nach aussen abgezogen und mit einer Kettensäge durchschnitten. Dann bog er den Vorderarm stark nach innen, das Gelenkende der ulna trat hervor, die Weichgebilde wurden losgelöst und der Knochen durchsägt. Endlich befreite er den humerus von den umliegenden Weichtheilen, öffnete die Rinnen der Nerven und durchsägte auch diesen Knochen. Nélaton glaubt durch diess Verfahren den Nerven besser zu schützen, man entblösse ihn nicht und brauche ihn nicht mit Haken zu fassen. Man müsse indessen nicht zu ängstlich mit den Nerven sein, Roux und Syme hätten ihn durchschnitten und die darauf entstandene Paralyse habe sich nach und nach von selbst beseitigt. Was die Statistik dieser Resection betreffe, so gab er folgende Notizen an: Syme hätte 19 Fälle, wo sie wegen Caries ausgeführt sei, zusammen-

gestellt und darunter seien 2 tödtlich verlaufen, Esmarch
habe 40 Fälle, wo sie wegen Schussverletzungen gemacht sei,
veröffentlicht und darunter seien 6 Todesfälle. Bei beiden
Fällen sei also die Resection bei Weitem günstiger als die
Amputation. —

9. **Nélatons Behandlung der tumeurs synoviales
de la main oder der tumeurs en bissac.**

Nélaton stellte eine Waschfrau vor mit einer Geschwulst
an der vola manus, welche alle Zeichen eines Hydrops bursae
mucosae an sich trug. Er warnte dabei vor allen operativen
Eingriffen. Die einfache Punktion sei ganz machtlos, die Punction
mit Jodinjection (Velpeau) verspreche auch selten eine lang-
dauernde Heilung, weil sie die reissförmigen Auswüchse an
der Wand des Schleimbeutels nicht mit entferne. Die Incision
aber sei sehr gefährlich, ob man sie klein mache und mit
Compression verbinde, wie M. Champion, ob man sie wie
Portal, Gooch, Dupuytren durch den ganzen Sack führe,
oder ob man kleine Punctionen, wie Richerand vornehme —
immer habe man die bedenklichsten Symptome und zuweilen den Tod danach eintreten sehen. Und, wenn die An-
sammlung der Flüssigkeiten rasch vor sich geht, dass man ein
spontanes Platzen des Schleimbeutels zu fürchten hat, oder
wenn die Wände der Cyste so dick sind, dass kein anderes
Mittel helfe, oder endlich, wenn sehr viele bydatiforme Körper-
chen in der Cyste wären, sei eine Incision derselben indicirt,
und zwar eine grosse Eröffnung, darauf müsse man aber die
Hand sofort ruhig stellen und 5—6 Tage fortwährend bewässern.
Das Haarseil und die Exstirpation seien noch gefährlicher als
die Incision der Cyste und daher ganz zu verwerfen. Nélaton
wendet nun seit langer Zeit mit besserem Erfolge Umschläge
von Alkohol dagegen an. Er verdankt diess Mittel der Mitthei-
lung des M. Houzelot (de Meaux). Man muss das Handge-
lenk mit einer in 30grädigen Alkohol getauchten Compresse
umwickeln und über diese eine Decke von Flanell und Wachsleinwand legen. Diese Compresse wird bei Tag und Nacht
mehrere Male erneuert. In den ersten Tagen verspüren die
Kranken wenig Wirkung davon, aber am 3. bereits zeigen sich
Schmerzen in der Haut und es erhebt sich schliesslich eine
kleine Blase. Dann setzt man die Umschläge aus, bis sich eine

neue Epidermis gebildet hat. So führt man fort bis zum völligen Schwunde der serösen Flüssigkeiten. Zwar bleiben dennoch Rückfälle nicht aus, doch weichen auch diese der erneuerten Behandlung mit Alkohol. Interessant ist, dass Nélaton in einem Falle den Zusammenhang dieses Leidens mit einem Tripper constatirt hat, so dass man es in dem Falle für sog. Tripperrheumatismus erklären musste. Es war sehr akut und unter lebhaften Schmerzen entstanden und wich einigen Vesikatoren. —

10. **Resultate der Operationen in Paris:**
Wir entnehmen die referirten Zahlen dem Werke von Malgaigne:
Herniotomien: von 320 Operirten 133 todt, also 60%.
Amputationen im Allgemeinen:
Obere Gliedmassen: von 119 Operirten 49 todt, also 41,17%,
Untere Extremitäten: von 390 „ 231 „ „ 60%,
Amputationen im Speciellen:
des Oberschenkels: 46 traumatische 34 todt, also 75%,
153 pathologische 92 „ „ 60%,
„ Unterschenkels: 70 traumatische 50 „ „ 63%,
112 pathologische 55 „ „ 50%,
„ Oberarmes: 30 traumatische 17 „ „ 56,6%,
61 pathologische 24 „ „ 40%,
„ Unterarmes: 11 traumatische 3 „ „ 27%,
17 pathologische 5 „ „ 29%.
Auf 49 primitive Amputationen kommen 34 Todte, also 70%, auf 20 secundäre 13 Todte, also 65%. Auf 15 Trepanirte kommen 15 Todte, auf 75 Steinschnitte 28 Todte.

La simplicité est l'indice de la perfection, sagt Desault, und Michel Lévy: c'est l'hygiène, qui a fait les loisirs de la mort. Wenn man diese beiden Punkte beachtete im heutigen Paris, so — glauben wir — würde es um die Erfolge der Chirurgen besser stehen.

Einige Reise-Erfahrungen über das englische Militär-Medicinal-Wesen.

Vom St.-A. Dr. Fischer.

Nach der gründlichen und klaren Darstellung des englischen Militär-Medicinal-Wesens, welche Hr. Prof. Gurlt in dieser Zeitschrift, Jahrgang 1861, gegeben hat, bleibt mir nur Wenig zu referiren. Ich beschränke mich daher auf einzelne Punkte, die ich in England zu studiren Gelegenheit hatte.

1. Chatham.

Die Schule für praktische Militär-Medicin (Practical-Army-Medical-School) im Fort Pitt zu Chatham gehört unstreitig zu den vollendetsten und zweckentsprechendsten ihrer Art. Die Stunden, welche ich daselbst im muntern Kreise der englischen Collegen zubrachte, und in denen ich den warmen Hauch englischer Gastfreundschaft in so reichem Masse genossen habe, gehören zu meinen schönsten Reiseerinnerungen. Das Fort Pitt liegt auf einer luftigen Höhe. Rechts erblickt man von ihm aus das gesegnete Festland mit seinen lichten Wäldern, seinen grünenden Fluren und dem betriebsamen, regen Leben darin; zur linken breitet das wogende, nordische Meer seine unaussprechliche Farbenpracht und seine ewig wechselnden, ewig fesselnden Bilder aus. Unten liegt die kleine aufblühende Stadt und mit ihr verbunden Rochester, von einer prächtigen, alten Burgruine überragt. Die angenehmen Eindrücke, welche so der Fremde von aussen empfängt, werden durch eingehendes Studium der Anstalt selbst noch wesentlich gehoben und verstärkt. Die Militär-Akademie zu Chatham ist bekanntlich am 2. Oktober 1860 eröffnet. Sie verdankt ihren Ursprung den traurigen Erfahrungen, welche man im Krimm-Kriege mit den unerfahrenen und ungeübten Militärärzten machte. Ihre vorzügliche Einrichtung und reiche Ausstattung rührt von dem leider! zu früh verstorbenen, für das Wohl der Armee unermüdlich thätigen früheren Kriegsminister Sydney Herbert her. Die gewöhnliche Schülerzahl beträgt 43. Für dieselben wirken drei Lehrer, von denen jeder einen Assistenten zur Seite hat. Die Lehrzeit dauert 4 Monate, der fünfte Monat wird zu den Prüfungen verwendet. Zweck der Schule ist, Aerzte auf den praktischen Militär-Dienst in jeder Beziehung vorzubereiten. Zum Eintritte in die Schule melden sich alljährlich viele junge Aerzte. Die Aufnahme derselben hängt von einer Concurrenz-Prüfung ab, welche am King-College oder in Chelsea vor einer Commission schriftlich und mündlich gemacht wird. Bevor sich ein Candidat zum Examen behufs der Aufnahme in die Schule präsentirt, muss er durch Zeugnisse beweisen, dass er Christ, unverehelicht, mindestens 21 oder höchstens 28 Jahre alt ist; er muss ein gutes Sittenzeugniss beibringen, schriftlich erklären, dass er weder an einer körperlichen noch an einer Gemüthskrankheit leidet, welche ihn in irgend einer Weise zum Dienste untauglich machen könnte. Er muss ferner von gesetzlich bestehenden und autorisirten Corporationen ausgestellte Diplome und Zeugnisse besitzen, wonach ihm gestattet ist, die Medicin und Chirurgie im vereinigten Königreiche ausüben zu dürfen. Die Kandidaten, welche diese Bedingungen erfüllt haben, werden nun von der speciellen ärztlichen Jury noch ein Mal in allen Zweigen der Medicin, die Hülfswissenschaften mit einbegriffen, examinirt. Sie bekommen von diesem Examen her ein sehr eingehendes Zeugniss über ihre Leistungen und Kenntnisse, damit die Lehrer der Schule gleich Anfangs wissen, wo sie hauptsächlich bei einem Jeden nachhelfen und fördern müssen. Damit sich die Schüler an das Zusammenleben in einem Regiment und die beim Militär üblichen Formen und Sitten gewöhnen, so ist die Einrichtung getroffen, dass sie durch gemeinsame Wohnungen und gemeinschaftliche Tafel von Anfang an dazu erzogen werden. Während der Dauer seines Aufenthaltes in der Anstalt erhält jeder Eleve zur Deckung seiner Ausgaben für Unterhalt und Beköstigung täglich 3 Thlr. und Wohnung oder 4 Thlr. 4 Sgr. ohne dieselbe. Doch ist er verpflichtet, sich auf seine Kosten mit der Uniform der Schule zu versehen, welche denen der Assistenz-Chirurgen gleicht, nur fehlt der Degen. Die Eleven müssen sich jeder Disciplinar-Massregel unterwerfen, welche je nach den Umständen das unter dem Kriegsminister und dem zeitigen Director des Militär-Medicinal-Wesens stehende und aus 6 Professoren zusammengesetzte Conseil vorschreiben könnte. Die Zöglinge sind den ganzen Morgen ohne Unterbrechung bis 3 Uhr beschäftigt, um 7 Uhr Abends ist gemeinschaftliche Tafel; die Zeit von 3—7 Uhr bleibt ihnen ungekürzt zu Erholungen, zu Lektüre und Privatstudien. Die Lehrmittel der Schule sind meist Schöpfungen neueren Datums, sie tragen noch den Stempel der Unvollständigkeit und des Werdens an sich, doch genügen sie auch so den Zwecken der Anstalt vollständig. Man geht jetzt mit dem Plane um, die Schule in ein grösseres, neu zu errichtendes Hospital zu verlegen und gleich bei der Anlage desselben weite und bequeme Räumlichkeiten für die Laboratorien und Museen zu schaffen. Zu den Lehrmitteln gehört 1) das ziemlich grosse Militär-General-Hospital zu Chatham. In dieses werden alle diejenigen transportablen Patienten aus den Armeen des Mutterlandes sowohl, als der Colonien, aufgenommen, bei denen aus irgend einem Grunde ein Antrag auf Invalidisirung gemacht worden ist, und die hier noch einer Superrevision unterworfen werden sollen. Wir behalten uns die genaue Beschreibung dieses Hospitals vor und wollen nur noch erwähnen, dass die Zahl der kranken Soldaten, welche während der beiden Jahre des Krimmkrieges hier behandelt wurde — (1855—1856) 14,700 betrug und dass die jährliche Durchschnittszahl der Kranken stets über 3000 sich beläuft. Gerade diese Art von Kranken bietet dem angehenden Militär-Arzte das reichste Feld der Belehrung und der Beobachtung, weil gewöhnlich in ihnen die Hauptkrankheiten, welche die Reihen der englischen Armee lichten, vorwaltend vertreten sind. Wir haben bei den Visiten daselbst die interessantesten Fälle gesehen, die furchtbarsten Zerstörungen durch Syphilis, die entsetzlichsten Grade des Alkoholismus, wie sie eben nur die englische Armee aufzuweisen hat, die Nachkrankheiten des gelben Fiebers und der Ruhr — kurz eine ganze Gallerie der für den englischen Militär-Arzt wichtigsten Krankheiten. Dann lernt er hier die verschiedensten Arten der Simulation kennen. In der englischen Armee, die aus dem Auswurfe grosser Städte, aus heruntergekommenen, verschuldeten und leichtsinnigen Subjekten sich hauptsächlich rekrutirt, ist die Desertion und Simulation wie in keiner andern heimisch. Ist das Handgeld vertrunken und verjubelt und die Tage des schweren Exercitiums und des strengen militärischen Dienstes beginnen, so kommt die Reue und die Trägheit zum Vorschein und bringt die Neugeworbenen auf die schlausten Simulationen, welche den Scharfsinn der Militärärzte auf schwere Proben stellen. Ein zweites Moment für die Häufigkeit des Simulirens in der englischen Armee liegt in den Pensionen. Die englische Regierung zahlt Invaliden-Gehälter an alle, welche nach 16jähriger Dienstzeit dienstunfähig werden, dann aber auch an alle diejenigen, welche durch den Dienst vor der Zeit erwerbsunfähig geworden sind. Da diese Pensionen ziemlich hoch und lebenslänglich sind, so bilden sie natürlich das Endziel des Verlangens fast aller Soldaten und man sucht so früh als möglich zu denselben zu gelangen. Es werden daher vorhandene Leiden übertrieben und unterhalten und die raffinirtesten Simulationen erdacht. Auch das Desertiren macht den Aerzten in England viele Noth. Die Soldaten desertiren nämlich von einem Regimente und lassen sich dann wieder von Neuem bei einem andern anwerben und Handgeld geben. Da nun derartige Individuen selten von einem Regiment davonkommen, ohne im Hospital gewesen, oder auch körperlich mit der neunschwänzigen Katze gezüchtigt zu sein, so achten die bei der Rekrutirung beschäftigten Aerzte auf gekreuzte Schröpfnarben, wie diese in den englischen Militär-Spitälern üblich sind, so wie auf die Narben von Schlägen etc. Für alle diese Eventualitäten bietet das grosse Lazareth zu Chatham ein reiches Material dar.

2) Die Museen. a) Wir nennen zuvörderst die wohlgeordnete, mit einem gedruckten Kataloge versehene, reichhaltige pathologisch-anatomische Sammlung, welche fast ausschliesslich von den über die ganze Erde verbreiteten englischen Militärärzten angelegt und unterhalten wird. Man schickt mit den Präparaten auch immer die genauen Krankheitsgeschichten ein. Es finden sich daher die interessantesten Beispiele fast aller Krankheiten und Verletzungen in demselben, welche den Militärarzt vorwaltend beschäftigen. Besonders gut sind die Knochenverletzungen durch Schusswaffen vertreten. Das Museum ist äusserst confortabel eingerichtet, mit Stühlen reichlich versehen und wird im Winter geheizt. Die Präparate stehen so, dass sie zum Studium beständig benutzt werden können. b) Die äusserst werthvolle Sammlung von Gegenständen, die der Militärarzt kennen muss, welche vom Prof. Tufnell in Dublin angelegt und nach Chatham geschenkt ist. Dieselbe enthält zuvörderst fast alle Gegenstände der Bekleidung und Ausrüstung, wie sie in verschiedenen Armeen (der englischen, französischen, sardinischen, russischen, preussischen) von verschiedener Qualität eingeführt sind, also

Uniform, Beinkleid, Mantel, Mütze, Helm und andere Kopfbedeckungen, Hemden, Unterhosen, Strümpfe, Schuhe, Stiefeln, ferner Kochgeschirre der verschiedensten Art um Nahrungsmittel im Kleinen und Grossen zu bereiten, dann völlig gepackte Tornister. (Bei dem Durchmustern der Letzteren erzählten mir die englischen Aerzte, dass man in Chatham mit allen Tornistern Versuche angestellt, den preussischen aber stets als den bequemsten und zweckmässigsten erfunden habe.) Dann kommen die Gegenstände der Ernährung der Truppen, Sammlungen von Proben präservirter Nahrungsmittel, getrockneter und comprimirter Gemüse und andere unter besonderen Umständen im Felde und auf Schiffen nöthig werdende Nahrungsmittel. Diesen reihen sich die verschiedenen Waffen in einer grossen Vollständigkeit an, von den unvollkommenen Instrumenten der Wilden, mit denen England Kriege geführt hat, — indische Säbel, Dolche, chinesische Armbrüste etc. — bis zu den furchtbaren Waffen der modernen europäischen Truppen; dazu eine Sammlung der mannichfaltigsten Geschosse, welche im Kriege in Betracht kommen (Flinten-, Büchsen-, Kanonen-, Voll-, Hohl-Kugeln) und zwar nicht nur in ihrer ursprünglichen Form, sondern auch in derjenigen, welche sie durch das Laden, Abfeuern, Aufschlagen erhalten, ferner Gegenstände, in welche Kugeln eingedrungen und stecken geblieben sind. Demnächst saubere Modelle über das Kampiren in Lagern, über- und unterirdischen Hütten, so wie über die dabei anzuwendenden Abzugsgräben, Latrinen etc., über die Ventilation der Barracks und Hospitäler und über die Einrichtung von Schiffs-Hospitälern älteren und neueren Datums. Weiterhin folgen die Modelle der verschiedensten Transportmittel für Verwundete und Kranke, als Bahren (darunter auch die in Indien gebrauchten, sehr bequemen Dooleys), Transportwagen, Krankenkarren, Maulthiersänften (letztere in Naturgrösse auf ein ausgestopftes Thier gelegt). Dieser schliessen sich Gegenstände zur Ausrüstung der Feld-Lazarethe, Apotheker-Kästen, Proben von Droguen und deren Falsifikaten, Schienen der verschiedensten Art, künstliche Gliedmassen, endlich verschiedene Gypsabgüsse verunstalteter Glieder an. Man sieht aus dem kurzen Ueberblick, wie werthvoll diese Sammlung für den Unterricht ist und wie durch ein genaues Studium derselben der junge Militärarzt eine eingehende Kenntniss aller Gegenstände erhält, die er später zu gebrauchen oder zu inspiciren und zu beurtheilen hat. c) Eine ziemlich bedeutende **Schädelsammlung**. Es sind in derselben nicht nur alle Race-Schädel repräsentirt, sondern auch die verschiedensten Formen normaler und pathologischer Schädel. d) Ein durch die englischen Militärärzte angelegtes **naturhistorisches Cabinet**, worin besonders Fische gut vertreten sind. e) Eine aus älterer Zeit stammende **Bibliothek**, die zwar noch ziemlich klein, doch jetzt durch Zuschüsse aus der Staatskasse in raschem Wachsthum begriffen ist. Mit derselben verbunden ist ein hübsches Lesezimmer, das mit englischem Comfort eingerichtet und mit einer reichen Auswahl medicinischer und anderer Journale versehen ist.

3) **Die Laboratorien**: a. **Das chemisch-hygieinische**. Dasselbe enthält die Arbeitstische, welche einfach aus Holz gefertigt, doch vollständig und bequem eingerichtet sind. Alle zur Untersuchung von Nahrungsmitteln, Luft, Giften, Se- und Exkreten nöthigen Instrumente und Apparate sind in reicher Menge und in äusserst zweckmässigen Formen vorhanden, so dass nichts Nothwendiges fehlt, aber auch nichts Ueberflüssiges angeschafft ist. Es wird mit Gas gearbeitet, welches aus der Stadt heraufgeleitet ist. 2) Das **anatomische** ist mit zwölf sehr hübschen, gut gehaltenen Mikroskopen, bequemen Arbeitstischen und mit allen zur Mikroskopie und zu Sectionen erforderlichen Instrumenten, Reagentien und Gläsern versehen. Die Wände desselben schmücken grosse anatomische und histologische Zeichnungen. Das Material für die hier vorzunehmenden Untersuchungen liefert theils die Anstalt, theils wird es sorgfältig verwahrten Präparaten entnommen. 3) Das **metereologische**. Dasselbe ist auf einem kleinen Flecke des Gartens angebracht und enthält alle zur Wetterbeobachtung nöthigen Vorrichtungen.

Was nun den **Lehrgang** betrifft, so hat derselbe eine sehr einfache und geschickte Anordnung. Die eintretenden Candidaten werden gleich in zwei Gruppen getheilt, von denen die eine zum Hospitaldienst, die andere zu Arbeiten im Laboratorium bestimmt wird. Jede dieser Gruppen zerfällt wieder in zwei Unterabtheilungen, je nachdem sie auf der äusseren oder inneren Station beschäftigt sind oder im chemischen oder anatomischen Laboratorium arbeiten. Monatlich werden die Stationen gewechselt, so dass in den zum Studium bestimmten 4 Monaten jeder Zögling in jeder beschäftigt gewesen ist.

Nachmittags, d. h. zwischen 11—3 fallen die theoretischen Vorlesungen, zu denen sich alle Schüler in dem grossen Hörsale vereinigen. Die Unterrichts-Gegenstände sind nun: 1) Die Hygiene. In der theoretischen Vorlesung werden alle die Gegenstände genauer behandelt, welche die Gesundheit der Soldaten specieller betreffen, also die Kleidung, Verpflegung, Wohnung, Ausbildung, Gewohnheiten und Lebensweise derselben und ihre eigenthümlichen Verrichtungen im Kriege und im Frieden. Es werden die Methoden genauer gelehrt, wie der Arzt das Wasser, welches der Soldat trinkt, die Luft, die er athmet, die Nahrungsmittel, welche er zu geniessen pflegt, untersucht und prüft, wie er ihre Fälschungen und Verunreinigungen entdeckt, und wie der Unzulänglichkeit derselben zu steuern ist. Dann lehrt man eingehend die Principien der Ventilation nach den modernen Erfahrungen, der Heizung, Reinigung und Erleuchtung der Wohnungen der Soldaten und der Hospitäler, die architektonischen Verhältnisse, welche dieselben gesund oder ungesund machen und zeigt an Beispielen, wie und wo man am Besten dergleichen Gebäude aufzuführen, und alte, verfehlte Bauten zu verbessern hat. Die Fragen, welche heut zu Tage die Militär-Aerzte beschäftigen, ob Casernement, ob nicht, ob grosse Kriegsspitäler oder vorsichtige Krankenzerstreuung, finden dabei nach den reichen Erfahrungen der Neuzeit ihre sachgemässe Berücksichtigung und Erledigung. Daran schliesst sich eine genaue Besprechung der militärischen Uebungen, ihres Einflusses auf den Organismus und über den Werth und die Bedeutung der verschiedenen Systeme der Gymnastik. Endlich wird der Einfluss der verschiedenen Climate und Bodenverhältnisse auf den Menschen eingehend erörtert, die in heissen Climaten zu beobachtenden Vorsichtsmassregeln gelehrt und die Krankheiten der Lager, die Epidemien stehender Heere im Kriege und im Frieden genauer besprochen. Der praktische Theil dieses Unterrichtszweiges fällt theils in die Arbeiten im chemischen Laboratorium, wo man die zweckmässigsten und leichtesten Methoden zur Untersuchung von Luft, Nahrungsmitteln, Giften, Se- und Excreten fleissig übt, theils in Demonstrationen der Präparate des Tufnel'schen Museums und in Besuch der in dem Hafen von Chatham liegenden Kriegsschiffe, der zahlreichen Barracks, der übrigen Hospitäler und Militär-Gefängnisse der Festung. Man cultivirt gerade die Militär-

Hygiene mit der äussersten Gründlichkeit und mit der scrupulösesten Genauigkeit, weil es in der englischen Armee längst Grundsatz geworden, dass ohne das technische Gutachten des Arztes kein Ziegel auf dem Dache einer Barracke geändert, kein Stein in ein Hospital eingemauert wird. Und wie soll der angehende Militär-Arzt diesen schwierigen Fragen gewachsen sein, von denen ihm ja die Studienjahre kaum die leisesten Anleitungen bringen, wenn er nicht vor seinem Eintritte in den Dienst von erfahrenen und geweihten Händen darin unterrichtet wird? Liegt nicht der Hauptsegen des guten Militär-Arztes weniger in der kunstgerechten Heilung eines Uebels, als vielmehr in dem sicheren und bewussten Verhüten und Abwenden desselben? Der Lehrer dieses Faches ist Prof. E. F. Parkes, M. D. 2) Die mikroskopischen Curse hält der Professor der Pathologie William Aitken, M. D. Er lehrt zuvörderst das Instrument und seinen Gebrauch kennen und die Anfertigung mikroskopischer Präparate. Dann lässt er die Organe in ihrer histologischen Structur und in den pathologischen Abweichungen der Reihe nach durchnehmen und bearbeiten. Daneben gehen die Uebungen im Seciren und im mikroskopischen Erkennen der pathologischen Veränderungen der Organe. Das Material zu den Sectionen, über die ein wissenschaftliches Protokoll geführt wird, liefert das Hospital. Endlich werden die wichtigsten Präparate des Museums demonstrirt und eine Anleitung zur Anfertigung und Aufbewahrung derselben gegeben, damit die Schüler dereinst im Stande sind, aus ihren Wirkungskreisen das Museum bereichern zu können. 3) Die Chirurgie. Der praktische Theil des Unterrichts führt den Schüler ein in die regelmässigen Pflichten eines Militär-Chirurgen, er muss die Kranken verbinden, muss die Bücher führen und die Rapporte anfertigen. Daneben werden an den Krankenbetten Vorträge gehalten über chirurgische Leiden, es werden die Simulationen eingehend besprochen und die körperlichen Schäden und Gebrechen, welche bei der Rekrutirung übersehen und Gegenstand der Invaliditäts-Untersuchung wurden, demonstrirt. Man übt die nöthigen Verbände und den Gebrauch der Schienen und Apparate ein. Endlich müssen die Schüler bei den im Hospitale vorfallenden Operationen assistiren und dieselben an Leichen nachmachen. In den theoretischen Vorlesungen wird die topographische Anatomie gelehrt und die chirurgischen

Krankheiten, woran die Soldaten vorwaltend zu leiden pflegen, besonders aber die Schussverletzungen gründlich besprochen. Endlich wird der Transport verwundeter Soldaten und die zweckmässigsten Arten der ersten chirurgischen Hülfsleistungen auf dem Schlachtfelde, die Zulässigkeit der verschiedenen Operationsverfahren im Felde, besonders aber die Resectionen, eingehend erörtert. Der Lehrer dieses Faches ist der durch persönliche Liebenswürdigkeit und reiche Erfahrung gleich ausgezeichnete Prof. Thom. Longmore, Esq. Deputy-Inspector-General of Hospitals. 4) Die Militärmedicin. Die klinischen Vorträge beschränken sich auf die Malaria-Krankheiten und die Modificirung der gewöhnlichen Krankheiten durch den Einfluss der Climate und Bodenverhältnisse. Dabei müssen die Schüler die kranken Soldaten behandeln, müssen die Diät- und Arznei-Verordnungen, wie sie in den Militär-Spitälern üblich sind, kennen lernen, die Bücher führen und die Rapporte machen. In den theoretischen Vorlesungen werden die Epidemien der Armeen und die Krankheiten, welche gerade in der englischen Armee vorwaltend grassiren, genauer abgehandelt. —

Sollen wir nun schliesslich noch den Eindruck schildern, den wir aus der Anstalt nach Haus gebracht haben, so war derselbe ein äusserst befriedigender. Unter den Schülern herrschte ein ächt collegialisches Verhältniss. Sie schienen mit tiefem Ernst und Eifer ihre Studien zu treiben und waren muntere, jugendlich frische Gestalten. Die meist bejahrten und tüchtigen Lehrer der Anstalt verkehren in der liebreichsten und väterlichsten Weise mit den Zöglingen, so dass das Ganze dem Fremden wie eine eng geschlossene Familie erschien. Sie widmen sich ihrem Lebensberufe mit äusserster Hingebung und ganz durchdrungen von der Wichtigkeit ihrer Aufgabe. Daher sind denn auch die Schlussresultate in jedem Jahre bisher äusserst erfreuliche gewesen, so dass dem englischen Heere ein reicher Segen aus der Anstalt erblüht ist. Nach der am Ende der Studienzeit angestellten schweren Prüfung wird die Reihenfolge der Anciennität bestimmt und den Besten werden zum Lohne die freigewordenen Stationen der Armee zur Auswahl vorgelegt, während die Schlechteren über sich bestimmen lassen müssen. Alle aber müssen weit vom Vaterlande in die Colonien ziehen, deren trauriges Clima Jahr aus Jahr ein so manches hoffnungsvolle junge Leben bricht.

2. **Die Krankheits- und Sterblichkeitsverhältnisse der englischen Armee.**

Der Gott der Schlachten, sagt Napoléon I., neigt sich immer auf die Seite, wo die gesundesten Soldaten stehen. Das mussten die Engländer beim Beginn des Krimmfeldzuges schwer erfahren. Sie hatten ein siechcs, schlecht verpflegtes und mangelhaft gekleidetes Heer und spielten daher bei den grossen Schlachten dieses Feldzuges eine erbärmliche Rolle. Mehr als durch die scharfen Geschosse der Feinde wurde ihr Heer gelichtet durch Hunger und die furchtbarsten Seuchen. Glücklicher Weise verstanden es die Engländer bald, mit ihrem geraden und klaren praktischen Blick diese Schäden zu erkennen und die Opferfreudigkeit und Grossmuth der Nation schafften schnell die Mittel zu ihrer dauernden Abhülfe herbei. So wurde schliesslich aus der Krimm-Armee die kräftigste, gesundeste und siegreichste Truppe, die England je gehabt hat. Die Militärhygiene hatte hier einen ihrer glänzendsten Triumphe gefeiert! Diese bittern Lehren haben die Engländer nicht vergessen. Sie setzten gleich eine Commission ein, welche über die Sterblichkeits- und Krankheitsverhältnisse der Armee Untersuchungen anstellen musste. Ihr im Mai 1857 erstatteter Bericht setzte ganz England und besonders den allezeit wachsamen Vertreter desselben, das Parlament, in gerechten Schreck. Nach demselben stellte sich nämlich heraus, dass die Sterblichkeit der im Inlande cantonnirenden Truppen, welche also mit klimatischen Einflüssen wenig zu kämpfen und der relativ besten Pflege sich zu erfreuen haben, 17,5 per Tausend betrug, während dieselben Altersklassen — Stadt- und Landbevölkerung durch einander gerechnet — nur 9,2, auf dem Lande allein 7,7 per Tausend, die Londoner Feuerwehr-Brigade aber nur 7,0 per Tausend verlieren, und die Mortalität der ungesundesten Fabrikstädte wie Manchester nur 12,4 per Tausend erreicht. Deducirte man nun aus diesen Angaben den Schluss, dass in der Armee die Sterblichkeit fast zweimal so gross, als in der Stadt- und Landbevölkerung, und im Durchschnitt um mehr als zweimal so gross, als in der letzteren allein wäre, so war man mit diesem Facit offenbar eher hinter der Wahrheit zurückgeblieben, als ihr zu nahe getreten, da doch immer erwogen werden musste, dass in jedem Jahre viele für den Militärdienst untauglich gewordene, den Keim eines baldigen Todes in sich tragende Individuen entlassen und so wieder den Sterberegistern der Civilstatistik zugewiesen werden. Es ergab sich nun ferner, dass die Sterblichkeit unter den verschiedenen Truppentheilen durchaus verschieden war:

Bei der Linien-Infanterie 18,7 per 1000,
„ „ Garde „ 20,43 „ „
„ „ Linien-Cavallerie 13,3 „ „
„ „ Garde „ 11,0 „ „

Die hohe Ziffer der Fussgarden musste gleich um so schreiender auffallen, da in dieser Truppe die blühendsten Leute, voll Kraft und im besten Mannsalter, das imponirendste Bild der Gesundheit und Frische, dienen, welche besser gekleidet und verpflegt wurden, als die übrigen Truppen und niemals ausser Landes, also niemals in die Gefahren klimatischer Einflüsse kamen. Die Commission, welche den Ursachen dieser übermässigen Sterblichkeit nachspürte, glaubte dieselbe vorwiegend in der Ueberhäufung und dem Mangel guter Ventilation der Kasernen gefunden zu haben, weil sich herausstellte, dass es hauptsächlich die Schwindsucht war, welche das englische Heer in so beklagenswerther Weise lichtete. Man fand nämlich, dass die Betten keinen Fuss breit auseinander standen; Schmutz und Unreinlichkeit hatten sich in erschreckender Weise angehäuft, wirksame Ventilatoren fehlten gänzlich und so schliefen denn die Mannschaften in der dumpfen, übelriechenden Atmosphäre und sogen aus ihr den unvertilgbaren Keim zur unseligen Lungenkrankheit ein. Doch würde diess Moment wohl allein kaum ausreichen zur Hervorrufung dieser verheerenden Krankheit, wenn nicht der Körper der Soldaten durch zwei scheussliche Laster, die in unerhörter Weise unter ihnen herrschen, geschwächt und empfänglich dafür gemacht würden. Das erste ist die Trunksucht. Die Mannschaften kommen halb betrunken fast jeden Abend in ihre Schlafräume, stehen des Morgens ohne Frühstück und mit verdorbenen Mägen auf und werden daher beim Exercitium in Schaaren ohnmächtig. Das zweite ist die geschlechtliche Unzucht und ihr furchtbarer Satrap, die Syphilis. Im Jahre 1848 standen im vereinigten Königreiche 62,000 Mann und darunter waren 16,700 syphilitisch erkrankt. Dr. Robinson, Stabsarzt beim schottischen Füsilier-Bataillon erzählte, dass $3/4$ aller seiner Kranken syphilitisch wären. Wir kommen weiter unten auf die genaueren Zahlen und auf die Ursachen dieser auffallenden Fakta noch einmal zurück. — In Folge dieser traurigen Ergebnisse der Militärstatistik wurden sofort die namhaftesten Verbesserungen in der Kasernirung und Verpflegung der Truppen vom Parlamente empfohlen und von der Regierung im grossartigsten Massstabe ausgeführt. Um zu zeigen, ein wie reicher Segen der englischen Armee aus dieser gut geleiteten und warm gepflegten Hygiene erblüht ist, theilen wir aus dem ersten Blaubuche, welches, wie jetzt jährlich, 1859 erschienen ist, vergleichende Statistiken über die heutige Sterblichkeit in der englischen Armee mit. Die Gesammtsterblichkeit belief sich darnach 1859:

Bei der Linien-Infanterie auf 7,59 Todte per 1000,
„ „ Garde „ „ 9,09 „ „ „
„ „ Linien-Cavallerie „ 7,94 „ „ „
„ „ Garde „ „ 8,24 „ „ „
„ „ Artillerie „ 7,99 „ „ „
„ „ Pionier-Abtheil. „ 7,24 „ „ „
„ „ Train-Pion.-Ab. „ 6,14 „ „ „
„ dem Depot-Bataillon „ 13,52 „ „ „

Das Sterblichkeitsverhältniss der ersten Bataillons, worin meist alte Leute dienen, zu den zweiten, welche die frisch geworbenen Truppen enthalten, ist 9,02: 6,08 per Tausend. Trotz der so bedeutend verringerten allgemeinen Sterblichkeit in der Armee ist doch die der in den Hospitälern Behandelten nicht kleiner, eher grösser geworden. Denn man hat jetzt den Grundsatz, die kleinsten und unscheinbarsten Leiden sofort im Lazarethe sorgfältig zu behandeln, damit man grösseren und gefährlicheren vorbeugt, in England allgemein angenommen. Es wurden nämlich in den Lazarethen behandelt:

von 1837—46 jährlich   1859
von d. Garde-Infanterie 862 M. per 1000, — 791 M. per 1000,
„ „ Linien „ 1044 „ „ „ — 964 „ „ „
„ „ Garde-Cavallerie unbekannt — 538 „ „ „
„ „ Linien „ 962 M. per 1000, — 981 „ „ „
„ „ Artillerie 1189 „ „ „ —1293 „ „ „
„ „ Pionieren unbekannt —1270 „ „ „
„ „ Train dito —1263 „ „ „

Sehen wir uns nun die Krankheiten genauer an, welche auch heute noch am stärksten in der englischen Armee grassiren, so müssen wir in erster Linie die Tuberkulose nennen. Es wurden davon:

	1859		1837—46	
	behandelt per 1000	es starben per 1000	behandelt per 1000	es starben per 1000
Garde-Cavallerie	7,4.	3,30.	unbekannt.	6,28.
Linien-Cavallerie	11,7.	3,35.	12,7.	6,07.
Artillerie . . .	19,5.	3,65.	42,5.	8,16.
Pioniere	20,1.	4,02.		
Train	9,7.	0,88.		
Garde-Infanterie .	15,5.	4,71.	27,8.	12,53.
Linien „	12,7.	2,55.	17,7.	8,14.
Depot-Bat. . . .	15,9.	5,05.		

So hoch also immer noch das Sterblichkeitsverhältniss in der englischen Armee an Tuberkulose ist, so hat doch eine ganz wesentliche Abnahme in demselben stattgefunden. Ein grosser Theil dieses günstigern Resultates ist offenbar den Verbesserungen in der Verpflegung und in den Wohnungen der Soldaten zuzuschreiben. Doch darf auch ein zweites Moment nicht vergessen werden. Durch die modernen Kriege, wobei doch Englands Heer stets eine nicht unwesentliche Rolle gespielt hat, ist unter den alten Soldaten stark aufgeräumt, so dass die Bataillons fast durchgängig aus jungen Mannschaften bestehen, deren frische Constitutionen den schädlichen Einflüssen des Soldatenlebens noch vorläufig Trotz bieten. Wie bedeutend diess Moment ist, geht aus der Thatsache hervor, dass in den ersten Bataillons, worin nur alte Mannschaften stehen, 3,57 per 1000 durchschnittlich an Schwindsucht starben, während in den zweiten Bataillons, welche die frisch geworbenen Truppen enthielten, nur 1,78 per 1000 daran zu Grunde gingen. —

2) An Delirium tremens wurden behandelt:
Garde-Cavallerie 4,94 per 1000,
Linien „ 1,98 „ „
Artillerie . . . 2,60 „ „
Pioniere . . . 5,63 „ „
Garde-Infanterie 0,34 „ „
Linien „ 1,63 „ „
Depot-Bat. . . 4,35 „ „

Gewiss für ein Heer erstaunlich hohe Zahlen! Die am wenigsten davon betroffenen Truppenkörper, Garde-Infanterie und Linien-Infanterie, pflegen statt Branntwein das schöne englische Bier zu trinken. Je mehr alte, in den Colonien beschäftigt gewesene Mannschaften ein Truppentheil enthält, desto grässlicher herrscht in ihm das Laster der Trunksucht. — Ganz abgesehen nämlich von dem natürlichen Hang der niedern Schichten des englischen Volkes zum Genusse spirituöser Getränke, dem man ja auch unter der weiblichen Bevölkerung in so auffallender Weise begegnet, bringen das ungünstige Clima der Colonien und die oft übermenschlichen Anstrengungen des Felddienstes daselbst die Soldaten an die Flasche. Und was sie hier sich angewöhnt, verlieren sie nach ihrer Rückkehr nicht wieder. Dass aber auch jüngere Soldaten zu trinken anfangen, hat auch einen eigenen Grund. Der englische Soldat des vereinigten Königreichs führt nämlich eine äusserst eintönige Lebensweise. Der Dienst besteht in ermüdenden, peinlichen Paradeübungen — eine gesunde Gymnastik fehlt gänzlich darin. Der Soldat wird also durch die militärischen Exercitien stark angegriffen — nicht gekräftet, stark gelangweilt — nirgends angeregt. Er greift daher zur Flasche, um aus ihr Kraft und Vergessen aller Leiden zu saugen. —

3) An Syphilis wurden 1859 behandelt: dagegen 1837—46:

Garde-Cavallerie	. .	120,4 per 1000,		unbekannt.
Linien „	. .	402,5 „	„	206,1.
Artillerie	. . . .	571,4 „	„	392,0.
Pioniere	. . . . .	468,2 „	„	unbekannt.
Train	. . . . . .	580,3 „	„	dito.
Garde-Infanterie	. .	337,9 „	„	250,3.
Linien „	. .	399,5 „	„	277,5.
Depot-Bat.	. . .	398,8 „	„	unbekannt.

Während also früher ¼ des englischen Heeres syphilitisch krank war, ist in den letzten Jahren die Hälfte daran erkrankt, denn durchschnittlich sind 422 per 1000 jährlich an Syphilis im Lazareth gewesen. Die durchschnittliche Behandlungsdauer ist für einen Syphilitischen 23,22 Tage gewesen. Bedenkt man nun, dass die englische Armee im vereinigten Königreiche etwa 90,000 Mann stark ist, so werden derselben danach durch Syphilis täglich 2417 Mann, also beinahe drei Regimenter entzogen. In Woolwich, wo der Train steht, ist die Durchschnittszahl der Syphilitischen am höchsten, in Aldershot stieg sie auf 433 per 1000, in Irland auf 357 per 1000. Unter den syphilitischen Affectionen sind die Tripper mitgezählt. Trennt man die gonorrhoischen von den syphilitischen, so erhält man folgende Verhältnisse:

	Tripper.	Syphilis.
	Jährliche Portion per 1000.	
Garde-Cavallerie	45.	74.
Linien „	142.	260.
Artillerie.	219.	352.

	Tripper.	Syphilis.
Pioniere	226.	242.
Train	138.	442.
Garde-Infanterie	84.	254.
Linien "	152.	247.
Depot-Bataillons	201.	199.

Es ist nicht schwer, den Grund für die so auffallende Häufigkeit syphilitischer Affekte zu finden. Derselbe liegt 1) in der ganzen Handhabung der Prostitution in England. Wie es dort überall Grundsatz ist, die persönliche Freiheit in keiner Weise zu beschränken, so legt man auch den öffentlichen Dirnen keinerlei gesetzlichen Zwang auf. Es findet daher nicht die geringste Ueberwachung der Prostitution statt. Es ist bekannt, dass in London über 40,000 öffentliche Mädchen existiren, sie ziehen des Abends in Schaaren durch die Strassen und suchen in der frechsten Weise die Aufmerksamkeit der Vorübergehenden auf sich zu ziehen. Die Polizisten stehen mit englischem Stoicismus mitten in diesem unerhörten Treiben, als dachten sie, seh' ein Jeder, wie er's treibe, seh' ein Jeder, wo er bleibe und wer steht, dass er nicht falle! Ob diese Frauenzimmer syphilitisch sind oder nicht, das geht Niemand etwas an. Auch ist es gesetzlich durchaus unstatthaft, eine erklärt syphilitische Person zwangweise in ein Krankenhaus zu schicken. Wenn sie sich kuriren lassen will, so ist es gut, wo nicht, so ist das ganz ihre Sache. In Woolwich wurden von einer Hure zehn Soldaten nach einander inficirt, und das Regiment, welches die Entfernung des scheusslichen Frauenzimmers verlangte, von der Polizei abschläglich beschieden. In der öffentlichen Consultation am Bartholomews-Hospital zeigte sich ein Weib, die einen exquisit-brandigen Schanker und noch in der Nacht vorher den Coitus mehrmals ausgeübt hatte. Man hört von alten beschäftigten Aerzten derartige Fakta genug berichten. Daher kommt es denn auch, dass die Syphilis sich tief eingenistet hat in allen Schichten der Bevölkerung, dass sie der Fluch der Familien und der Ruin des Landes zu werden droht. Und doch wird diese hochwichtige Frage leicht genommen und kaum ernster berührt — auch von den Aerzten. Man hat keine grösseren Hospitäler für Syphilitische und behandelt die schwersten Affektionen in der ambulatorischen Praxis. Desshalb machen die öffentlichen Consultationen der berühmtesten Gynaekologen einen unglaublich traurigen, unvergesslichen Eindruck auf den deutschen Arzt. Da kommen lauter blasse, welke Gestalten, mit feuchten Lumpen behangen, das jämmerlichste Bild des Elends und des Hungers und wenn man an die ärztliche Untersuchung geht, so findet man die furchtbarsten Zerstörungen durch die entsetzliche Seuche. Diese unglücklichen, früh dahin siechenden Geschöpfe treiben aber ihr schmachvolles Handwerk immer weiter, weil sie die Noth dazu zwingt, und der eigenthümliche Charakter der englischen Spitäler ihre Aufnahme in dieselben verbietet. So wird denn für Potenzirung und Weiterimpfung des syphilitischen Giftes bestens gesorgt. 2) Dass nun aber die Soldaten so vorwaltend von dieser Krankheit befallen werden, hat noch eigenthümliche Gründe. Es sind nämlich die englischen Truppen meist ältere Leute und sie haben also stärkeren Drang zum Geschlechtsgenusse. Um nun aber dem Staate keine zu grossen Kosten durch den Unterhalt der Soldatenfamilien zu machen, ist gesetzlich festgestellt, dass im vereinigten Königreiche nur 6 pCt., in den Colonien 12 pCt. von den Soldaten verheirathet sein dürfen. Die Andern werfen sich der Prostitution in die Arme und erfahren ihre schweren Folgen. Denn dass sich Dienstmädchen zu einem schnell vorübergehenden Brautstande für sie fänden — dazu ist in England der Soldatenstand zu wenig geachtet und die Söhne des Mars zu abstossend roh. —

Von den übrigen Krankheiten wollen wir nur noch die Granulationen erwähnen, doch mit dem Bemerken, dass man in England dieselben noch nicht streng von andern äussern Entzündungen der Augen trennt. Desshalb findet sich Manches, was nicht unbedingt zu den Granulationen gehört, mit unter dieser Rubrik. Es wurden an Ophthalmie behandelt 1859:

Garde-Cavallerie	4,12	per 1000,
Linien „	16,5	„ „
Artillerie	21,2	„ „
Pioniere	14,48	„ „
Train	26,4	„ „
Garde-Infanterie	12,93	„ „
Linien „	27,06	„ „
Depot-Bataillons	35,36	„ „

In der Infanterie also, in welcher vor Jahren in England meist 48 per Tausend an Ophthalmie litten, hat sich ein wesentlich günstigeres Resultat herausgestellt und nur in einzelnen Regimentern hat die gefährliche Seuche noch stärker geherrscht, z. B. im 75. Regiment, welches 60 Kranke per 1000, und im 1. Bat. des 15. Regiments, welches 56 Kranke per 1000 Mann hatte.

Dass bei diesem hohen Krankenstande der englischen Armee auch die Invalidisirung bedeutend sein müsse, bedarf wohl kaum noch des Beweises. Wir führen die Durchschnittszahlen der im Jahre 1859 vorgenommenen Invalidisirungen kurz an:

1859 wurden invalidisirt
(Ratio per 1000.)

	Unter 21 Jahren Dienstzeit in der Infant. und 24 in der Cavall.	Ueber 21 resp. 24 Jahre Dienstzeit
Garde-Cavallerie	7,42	5,77
Linien „	14,64	0,87
Garde-Infanterie	19,87	10,10
Linien „	10,41	1,32

Auch hierbei sind wesentliche Verminderungen erzielt worden, denn 1837—46 wurden durchschnittlich invalidisirt:

Garde-Cavallerie	14,73 per 1000,
Linien „	19,87 „ „
Fuss-Garden	17,17 „ „
Linien-Infanterie	18,08 „ „

Der tägliche Krankenstand der englischen Armee stellt sich so:

	Garde-Cavallerie.	Linien-Cavallerie.	Train.	Garde-Infanterie.	Linien-Infanterie.
Durchschnittliche tägliche Krankenzahl - Ratio per Tausend	28,70	51,13	71,82	51,76	50,91
DurchschnittlichesKranksein jedes Soldaten im Laufe des Jahres	Tage 10,47	Tage 18,66	Tage 26,21	Tage 18,89	Tage 18,58
Durchschnittliche Dauer der Krankheiten	19,46	19,02	20,75	23,87	19,28

Wir geben nun noch zwei Tabellen, die erste enthält eine vergleichende Statistik der Sterblichkeit der englischen Soldaten und der Civilbevölkerung nach den verschiedenen Lebensaltern, die zweite einen Jahresrapport über die Erkrankungs- und Sterbefälle der englischen Armee nach den hauptsächlichsten Krankheiten geordnet.

Zu diesem einfachen und wissenschaftlich fein angelegten Schema bemerken wir, dass zu den miasmatischen Krankheiten alle akuten Exantheme, die Diphtheritis, die Ruhr, die Grippe, die Cholera, die intermittirenden und remittirenden Fieber, die Pyämie, die Granulationen, der Rheumatismus etc., zu den diätetischen Scorbut, Purpura, Trunkenheit, zu den parasitischen Krätze, Bandwurm, Ungeziefer etc. gerechnet werden. Zu den Diathesen gehören Gicht, Wassersucht, Anämie, Leuchämie, Krebs, Lupus, zu den Tuberkulosen auch die Scrophulosis. Zu den Krankheiten des reproductiven Systems zählt man die Hydrocele, Varicocele, Orchitis simplex, Spermatorrhoe, Impotenz, Hypospadie; zu den Störungen der Nutrition allgemeine Körperschwäche etc. — Was endlich die Selbstmorde betrifft, so kamen im Jahre 1859 20 Fälle in der inländischen Armee vor: 4 in der Cavallerie, 4 in der Artillerie, 1 bei der Garde-Infanterie, 8 beim Depot-Bataillon. Bei 6 Fällen war die Art des Selbstmords unbekannt geblieben, 1 erdrosselte, 1 erhängte, 8 erschossen sich, 2 schnitten sich den Hals ab mit Rasirmessern, 2 nahmen Gift und zwar der eine Blausäure, der andere Cyankalium.

Man ersieht aus diesen kurzen Notizen, wie viel die Militärhygiene in England in der Verbesserung der Krankheits- und Sterblichkeits-Verhältnisse bereits erreicht hat. Wir werden nur noch kurz zu zeigen haben, durch welche Mittel ihr das gelungen ist. Viel ist noch zu thun übrig — das lehrt der flüchtigste Blick auf die obigen Tabellen. Doch dass man den besten Willen zur Abhülfe und das klarste Verständniss dessen, was Noth ist, hat, das zeigt die Eröffnung und Einrichtung der Militär-Akademie zu Chatham.

I.

	Unter 20 Jahr, d. h. von 17—19 Jahr		20—24		25—29		30—34		35—39		40 u. darüber bis 50		Total	
	1859	1837 bis 46	1859	1837 bis 46	1859	1837 bis 46	1859	1837 bis 46	1859	1837 bis 46	1859	1837 bis 46	1859	1837 bis 46
Garde-Cavallerie	—	7,5	3,38	11,7	5,85	10,3	9,06	13,3	15,13	8,4	15,04	13,4	8,26	11,1
Linien „	5,07	8,1	4	11,8	12,96	14,3	16,0	14,6	15,86	15,8	34,48	18,3	7,97	13,5
Train „	—	—	7,66	—	—	—	21,27	—	37,04	—	—	—	5,45	—
Garde-Infanterie	7,92	11,1	7,84	21,8	7,80	12,1	12,07	19,5	28,47	22,4	9,71	26,2	9,04	20,4
Linien „	5,82	13,1	7,91	17,8	7,90	19,8	11,97	19,8	18,31	21,6	10,50	22,6	8,02	17,6
Depot-Bat.	8,31	—	10,13	—	12,39	—	20,11	—	37,97	—	44,78	—	13,62	—
Gesammt - Durchschnittszahl, das Depot-Bat. nicht mitgerechnet	5,43	—	6,28	—	8,54	—	19,57	—	19,64	—	21,91	—	—	—
Männl. in England und Wales im Civil- Allgemeinen	7,41	—	8,42	—	9,21	—	10,23	—	11,53	—	13,55	—	—	—
Bevöl- in den gesundesten Distrikten kerung	5,53	—	7,30	—	7,96	—	8,36	—	9,0	—	9,86	—	—	—

II.

Jahres-Rapport.

	Garde-Cavallerie				Linien-Cavallerie				Artillerie				Pioniere	
	1859		1837—46		1859		1837—46		1859		1837—46		1859	
	im Hosp.	todt	im Hosp.	todt	im Hosp.	todt	im Hosp.	todt	im Hosp.	todt	im Hosp.	todt	im Hosp.	todt
I. Classe Morbi zymotici.														
1. Epidemische Krankheiten	122,8	—	—	—	2,07	156,2	0,99	208,4	1,98	278,9	0,78	249,0	1,56	322,6 —
2. Endemische Krankheiten	120,4	—	—	—	—	602,5	—	206,1	0,09	571,4	0,09	392,0	0,04	468,2 —
3. Durch schlechte Kost verursachte Krankheiten	—	—	—	—	—	114	—	0,4	0,02	0,4	—	—	—	0,8 —
4. Durch Parasiten verursachte Krankheiten	3,3	—	—	—	—	13,0	—	0,2	—	10,4	—	—	—	3,2 —
II. Classe Morbi cachectici.														
1. Diathesen	8,2	—	—	—	0,09	3,1	—	3,4	0,16	5,1	—	6,2	0,04	7,2 —
2. Tuberculose	7,4	3,30	—	—	6,28	11,7	3,35	12,7	6,07	19,5	3,65	42,5	8,16	20,1 4,02
III. Cl. Morbi monorganici.														
1. Nervenkrankheiten	8,2	—			0,58	11,9	0,74	9,6	0,84	19,2	0,96	25,2	1,3	28,2 0,8
2. Gefässkrankheiten	4,1	0,82			0,74	4,3	0,73	3,1	0,59	12,2	0,43	22,5	0,39	3,2 0,8
3. Respirationskrankheiten	67,6	2,47			0,24	43,6	0,63	148,7	1,71	101,1	0,43	169,6	0,28	124,7 0,8
4. Digestionskrankheiten	22,0	0,82			0,50	23,7	9,61	40,8	0,64	34,3	0,28	31,3	0,87	36,6 —
5. Harnwegekrankheiten	0,8	0,82			—	1,5	0,12	1,2	0,04	2,4	—	18,1	—	1,6 —
6. Krankh. des reproduct. Systems	0,6	—			—	2,9	—	0,7	—	2,1	—	5,7	—	1,6 —
7. Krankh. d. Bewegungs-Systems	7,1	—			—	2,2	—	0,7	—	2,3	—	2,9	0,04	2,4 —
8. Hautkrankheiten	75,9	—			0,09	161,1	0,24	202,0	0,07	155,0	0,17	136,5	0,13	159,3 —
IV. Cl. Morbi metamorphisei.														
Störungen der Nutrition	2,5	—			—	0,4	—	0,1	0,04	7,1	—	14,1	—	13,7 —
V. Cl. Morbi thanatici.														
1. Unglücksfälle	72,6	—			0,23	93,6	0,12	94,7	0,79	97,5	0,87	100,0	0,83	83,7 0,8
2. Morde	—	—			—	—	—	—	0,02	—	—	—	—	— —
3. Selbstmorde	—	—			—	0,1	0,51	—	0,59	0,1	0,85	—	0,13	— —
4. Todesstrafe	—	—			—	—	—	—	—	—	—	—	0,04	— —
5. Körperliche Züchtigung	—	—			—	4,9	—	3,3	—	7,1	—	4,5	—	— —
Nicht näher bezeichnete Krankheiten	15,7	—			0,09	4,1	—	0,4	0,09	8,7	—	—	0,13	3,2 —
	588,3	8,23			11,09	991,3	7,94	961,7	13,64	1292,7	7,99	1189,3	13,92	1970,3 7,22

Jahres-Rapport.

	Train		Garde-Infanterie				Linien-Infanterie				Depot-Bat.	
	1859		1859		1837—46		1859		1837—46		1859	
	im Hosp.	todt	im Hosp.	todt	im Hosp.	todt	im Hosp.	todt	im Hosp.	todt	im Hosp.	todt
I. Classe Morbi zymotici.												
1. Epidemische Krankheiten	172,1	0,48	143,1	1,01	222,3	3,41	168,1	1,12	248,5	0,56	246,7	1,05
2. Endemische Krankheiten	580,3	0,98	337,9	—	250,5	0,09	399,4	—	277,5	0,07	359,3	0,08
3. Durch schlechte Kost verursachte Krankh.	2,7	0,98	0,9	—	0,1	0,02	1,2	—	0,5	0,04	1,7	0,04
4. Durch Parasiten verursachte Krankheiten	46,5	—	16,8	—	0,1	—	27,3	—	0,2	—	62,9	—
II. Classe Morbi cachectici.												
1. Diathesen	1,8	—	1,2	—	2,3	0,06	2,0	0,1	4,9	0,14	3,0	0,04
2. Tuberculose	9,7	0,88	15,5	4,71	27,8	12,53	12,7	3,56	17,7	8,15	15,9	5,06
III. Classe Morbi monorganici.												
1. Nervenkrankheiten	22,0	0,88	14,3	0,84	8,2	0,59	11,8	0,51	9,2	0,79	22,5	1,26
2. Gefässkrankheiten	13,1	0,98	2,2	0,87	2,9	0,63	7,0	0,56	2,9	0,3	10,7	11,17
3. Respirationskrankheiten	115,9	—	78,1	0,67	137,1	1,69	94,3	1,12	158,9	2,33	120,5	2,22
4. Digestionskrankheiten	17,5	—	20,5	0,51	24,6	0,64	24,4	0,41	36,9	1,05	35,3	0,43
5. Harnwegekrankheiten	4,4	0,88	0,7	0,17	0,8	0,04	1,4	0,15	2,0	0,06	2,1	0,04
6. Krankheiten des reproductiven Systems	—	—	1,4	—	1,1	—	1,0	—	0,7	0,01	1,4	—
7. Krankheiten des Bewegungs-Systems	2,5	—	0,7	—	0,4	0,04	2,3	0,05	0,8	0,01	2,2	—
8. Hautkrankheiten	159,8	—	98,2	—	126,3	0,19	128,1	—	217,6	0,15	130,1	0,18
IV. Classe Morbi metamorphisei.												
Störungen der Nutrition	—	—	1,3	—	0,2	0,02	2,5	—	0,2	0,01	1,0	—
V. Classe Morbi thanatici.												
1. Unglücksfälle	86	—	47,0	0,87	56,9	0,34	60,5	0,77	68,8	0,61	62,9	0,65
2. Morde	—	—	—	—	—	—	—	—	—	0,01	—	—
3. Selbstmorde	—	—	—	0,17	—	0,24	0,1	0,15	—	0,22	—	0,35
4. Todesstrafe	—	—	—	—	—	—	—	—	—	0,01	—	—
5. Körperliche Züchtigung	18,4	—	1,7	—	1,0	—	6,4	—	4,8	—	7,0	—
Nicht näher bezeichnete Krankheiten	10,5	—	10,5	—	0,5	0,02	11,0	—	1,2	0,36	18,1	—
	1263,4	6,15	791,5	9,09	862,4	20,48	964	7,59	1044	17,89	1143,1	13,52